Descubre tu Felicidad

Helena Aramendia

Descubre tu Felicidad

Un libro MHAR
MHARbooks@gmail.com

Todos los derechos reservados.
Copyright © 2011 por Helena Aramendia
Foto de portada: Balancing stones © Olga Lyubkina
ISBN-13 978-0-9827979-2-1
ISBN-10 0-9827979-2-1

Queda prohibida la reproducción, total o parcial de este libro, de cualquier tipo y formato, bien sea electrónica o mecánica, incluyendo fotocopia, escaner o grabación, sin permiso escrito de la autora. Asi mismo queda prohibida la traducción del contenido de este libro, en todo o en parte, sin permiso escrito de la autora.

El contenido de este libro no puede ser utilizado como material central en talleres o cursos sobre la felicidad o temática similar sin permiso escrito de su autora, aunque sí puede ser mencionado como referencia.

Traducción del original en ingles: Karina Milgram

Para mis padres,
Con todo mi amor y gratitud.
Sin ellos no sería quien soy.

Estás buscando un tesoro en el mundo
pero el verdadero tesoro eres tú.
Si tu tentación es el pan
encontrarás solamente pan.
Lo que buscas
en eso te conviertes.

Rumi (Música Escondida)

El obstáculo es el camino

Proverbio Zen

Contenido

Prefacio   *1*

Nota Sobre el Libro   *7*

Capítulo 1 Qué es la Felicidad   *9*

Capítulo 2 La Importante Verdad Olvidada   *13*

Capítulo 3 Desafiando Premisas Erróneas   *19*

Capítulo 4 El Propósito de la Felicidad   *25*

Capítulo 5 El Amor y La Felicidad   *33*

Capítulo 6 Diferenciar Culpa de Responsabilidad   *38*

Capítulo 7 Aprendiendo a Observar   *45*

Capítulo 8 Las Etiquetas Son Buenas Sólo para las Compras   *51*

Capítulo 9 Mantener la Perspectiva Correcta   *57*

Capítulo 10 Gratitud   *65*

Capítulo 11 Los Pensamientos Se Pueden Controlar   *71*

Capítulo 12 Eliminar la Culpabilidad   *76*

Capítulo 13 Meditación para Aquellos
　　　　que No Meditan　　　　　　　　　87
Capítulo 14 Vivir en el Presente　　　　93
Capítulo 15 Simplificar　　　　　　　　97
Capítulo 16 Reconoce, Disfruta y Comparte Tu
　　　　Felicidad para Hacer del Mundo
　　　　un Lugar Mejor　　　　　　　　103
Epílogo　　　　　　　　　　　　　　　*106*
La Esencia de la Felicidad　　　　　　　*113*
Bibliografía recomendada　　　　　　　*134*

Prefacio

¿Necesitamos otro libro de autoayuda? Eso depende. ¿Eres feliz? Si tu respuesta es afirmativa, posiblemente no necesites este libro, a menos que estés pensando comprarlo como un regalo para alguien. Sin embargo, es probable que tu respuesta sea diferente. En ese caso, te gustará saber que la felicidad no es algo que ocurre por azar. Es una elección consciente y perfectamente factible.

A veces, creemos que las cosas importantes de la vida, como la felicidad, el amor o la amistad, son bendiciones que vienen como regalos celestiales. Aunque esto sea parcialmente cierto, también es verdad que somos capaces de obtener esos maravillosos regalos de una manera consciente.

La felicidad es una elección. ¿Qué quiere decir eso? Puede sonar ridículo, ya que nadie conscientemente escogería algo diferente; pero lo cierto es que es algo que está a nuestro alcance siempre, aunque normalmente no sepamos cómo conseguirlo.

Imagínate que quieres ser arquitecto. Hay ciertos pasos que debes seguir si quieres convertirte en uno. Cada paso es algo que eliges conscientemente. Tener las notas correctas, escoger la universidad, elegir estudiar en lugar de ir de parranda; la elección de proyectos o el material a leer, la manera como pasas tu tiempo, inclusive los viajes, los clubs o asociaciones a las que perteneces; todo te llevará a un resultado u otro. No te vas a convertir en arquitecto inscribiéndote en la Facultad de Derecho. Igualmente, no vas a ser feliz simplemente teniendo la esperanza de que ocurra por arte de magia.

De todas las decisiones necesarias en la búsqueda de tu verdadera felicidad, la más importante es la primera: ¿Quieres ser feliz? Una vez que así lo hayas decidido, es una cuestión de seguir los pasos necesarios, siempre, manteniendo en mente el objetivo final. Este libro está diseñado para mostrarte el camino más simple y directo posible, sin jerga psicológica, doctrinal o de nueva era. Yo creo que la sencillez es la llave para el éxito cuando se está aprendiendo algo nuevo y, por eso, he elegido simplificar y enfocarme en los conceptos básicos que te van a enseñar a ser feliz.

Dicho esto, también quisiera mencionar que simple no es sinónimo de fácil. Por ejemplo, es sencillo salir a caminar diariamente o ir al gimnasio, pero para muchos, no es fácil hacerlo si no se tiene costumbre.

Napoleón Bonaparte ganó muchas batallas con un número menor de soldados que el enemigo. Se dice que él lo logró identificando la fuerza principal de su enemigo y concentrando la mayoría de su ejército hacia ese objetivo. Yo sigo la misma estrategia en este libro. Me estoy enfocando en los puntos esenciales que marcan claramente la diferencia entre ser feliz o no serlo. No vas a encontrar aquí una lista de creencias, pensamientos a recordar o tareas que implementar en tu vida. Cada persona es diferente, pero todos compartimos lo esencial de nuestra naturaleza humana. Consejos y ejercicios no funcionan muy a menudo porque solo modifican las manifestaciones externas de un problema. Al centrarnos en los temas fundamentales, en la esencia de lo que te está impidiendo ser feliz, tú mismo encontrarás tus propias respuestas y tus propias recomendaciones.

Mi propósito al escribir este libro es susurrarle a tu alma. Quiero recordarte de una manera suave lo que tu alma ya sabe. Puede que hayas olvidado estas verdades, porque como la mayoría de nosotros, estás muy ocupado sobreviviendo en un mundo, que cada día se vuelve más complejo. Pero si lees con el corazón reconocerás verdades olvidadas.

Las teorías sobre espiritualidad, felicidad e iluminación han mantenido a las personas alejadas de sus nobles objetivos porque muy a menudo presentan los más grandes logros como si fuesen rutas diarias que todos deben caminar. La verdad es que, caminar parte del sendero o caminar lentamente, es mejor que mantenerse dormido y no andar nada del camino. Conceptos absolutos y tareas complejas nos resultan a veces agobiantes y nos apartan de nuestros objetivos, por lo que es más fácil lidiar con la idea de hacer pequeñas mejoras.

Si respiras profundamente, te relajas y te abres a nuevas posibilidades, te enseñaré el camino más sencillo y directo hacia tu verdadera naturaleza: la felicidad.

Yo sé que cada persona es un micro universo, con su propia historia, sus dificultades, experiencias y puntos de vista y lo he tenido en cuenta a cada paso al escribir este libro. Mi propósito y mi esperanza son que sea cual sea tu situación, estas páginas sean capaces de ayudarte a encontrar el sentimiento de unidad, paz y conexión con el universo que te hará feliz, porque ese es tu derecho de nacimiento.

Nota Sobre el Libro

No voy a decirte nada que tu alma no sepa. Por eso es que he diseñado este libro para que lo puedas leer de dos maneras: las páginas al final del libro tienen la esencia, los conceptos primordiales que quiero compartir contigo. Puedes leer esas páginas para encontrar la inspiración que necesitas, o simplemente como recordatorio.

Si esas páginas no son suficientes o encuentras que todavía no resuenan contigo, los capítulos previos tienen la explicación de los conceptos básicos, para que puedas recordarlos con mayor facilidad.

No te has convertido en la persona que eres ahora de la noche a la mañana. Cuando piensas, sientes, actúas o reaccionas de una misma manera, una y otra vez, tus reacciones se convierten en parte tuya, definen quien eres, y crean tu realidad y tu entorno. Tanto si eres feliz como si no, el origen de tu situación actual está en tus pensamientos y en tus sentimientos habituales. Para poder cambiar esta realidad, debes cambiar estos hábitos por otros más apropiados y la forma de hacerlo es insistir en los hábitos nuevos. Al principio se requiere un esfuerzo consciente para poder pensar, sentir, actuar y reaccionar de manera diferente; para entender otro punto de vista. No obstante, una vez que veas las razones detrás de la alternativa que te propongo, pronto se convertirán en algo instintivo y te darás cuenta, de que ésta, es la manera natural, la que está en sintonía con tu alma y te hace sentir bien.

Capítulo 1

Qué es la Felicidad

Con el propósito de acotar un terreno común al explorar la felicidad, voy a definir lo que yo incluyo y lo que no en este concepto. La felicidad no es un estado permanente de paz, serenidad y regocijo. Es más, sería antinatural e irreal esperar una ausencia completa de conflicto, dolor o tristeza. La felicidad no se consigue cuando todo es perfecto en nuestro alrededor o cuando no hay negatividad en nuestros sentimientos, sino cuando somos capaces de superar estos sentimientos al entenderlos, aceptarlos y transmutarlos.

Dicho esto, voy a definir lo que entiendo por ser realmente feliz. La felicidad es un estado duradero de regocijo o satisfacción interior y profunda, que no está limitado o relacionado a un momento o una situación específica, evento o causa. Una persona feliz experimenta tristeza, enojo, desazón, y todo el espectro de sentimientos humanos, tanto los placenteros como los que no lo son; pero debido a que son estados temporales, estos no definen la manera de sentir general de esta persona. Por ello, la felicidad no es una disposición de ánimo; es una manera habitual de sentir, de percibir nuestro entorno y a nosotros mismos, sin confundirlo con el que uno tenga un temperamento más o menos alegre.

Las sensaciones son subjetivas, así que cada uno tendrá su propio concepto y su propia forma de describir cómo se siente (o como espera sentirse) al ser feliz. A pesar de las limitaciones del idioma, podemos decir que las siguientes son algunas de las señales comunes de la felicidad: tener una sensación de paz, de alegría, de que todo está donde debe estar; sentirse emocionalmente "en casa" a pesar de lo que esté ocurriendo alrededor o en el mundo. Eso es lo que una persona feliz siente la mayoría del tiempo, independientemente de las circunstancias que lo rodean. De hecho, no es incompatible con los momentos de tristeza, dolor, incertidumbre o cualquier otro sentimiento que pudiera parecernos negativo. Si esto no se acerca a cómo te sientes, espero que este libro sea una buena herramienta para ayudarte a alcanzar la felicidad que mereces.

La felicidad, como la paz, es un estado del corazón y de la mente, que permea hacia afuera en la vida diaria. La siguiente historia ilustra esta idea.

En un país muy lejano vivía un rey que quería tener en su palacio un retrato perfecto que representase la paz. Después de mirar varios, escogió dos cuadros. El primero representaba un lago calmado; era una imagen tranquilizadora. El lago era grande y azul; su superficie completamente quieta. El segundo cuadro, sin embargo, era totalmente distinto. Mostraba una cascada entre las montañas. El agua caía violentamente, salpicando espuma, rugiendo y creando remolinos. Todos, en palacio, estaban sorprendidos de que este segundo cuadro fuese un candidato a representar una imagen de la paz y se sorprendieron, aún más, cuando éste fue el cuadro que el rey finalmente eligió. Una vez que estuvo colgado en la pared, se dieron cuenta por qué lo había elegido. Detrás de la catarata en una hendidura en la piedra, había un oasis de amor y de paz: un pequeño nido con un pajarito dando de comer a sus crías. El rey sabía que la paz verdadera, como la felicidad auténtica, es encontrar la calma que reside en el centro de nuestros corazones, sin importar lo que esté pasando a nuestro alrededor.

Amigo lector, el libro que tienes en tus manos trata de ayudarte a encontrar la felicidad duradera, profunda, de verdad; la felicidad que no depende de tu entorno, sino que está en tu interior. En el siguiente capítulo vamos a explorar este concepto un poco más.

Capítulo 2

La Importante Verdad Olvidada

La Felicidad no es algo que se deba crear, construir o alcanzar en la vida, ni algo que unos poseen y otros no, como si se tratase de una cualidad o un regalo. La felicidad se sintoniza. Esta es la importante verdad sobre la felicidad, que los seres humanos parecemos haber olvidado.

La felicidad es un atributo natural propio del ser humano, igual que la capacidad para amar o el instinto de lucha por la supervivencia. A diferencia de la inteligencia, el sentido del humor o la altura, la felicidad es una característica que TODOS poseemos como una propiedad vital. La razón por la que unos son felices y otros no, es básicamente porque, consciente o inconscientemente, unos se sintonizan con este atributo y otros no. Digamos que somos como un receptor de ondas de radio y la felicidad es un canal que emite constantemente. El receptor puede estar encendido o apagado. Si está encendido, puede estar sintonizando el canal de la felicidad o cualquier otro. Por tanto, el hecho de sintonizar el canal no depende del propio canal, si no del receptor, de nosotros. Este hecho tiene una gran importancia, porque significa que si ahora no eres feliz no es porque no puedas serlo, sino porque no has aprendido como sintonizar con la felicidad que te corresponde.

La vida diaria moderna tiene sus ventajas, pero uno de sus inconvenientes, definitivamente, es que perdemos el contacto con el fluir natural de nuestras emociones. Como consecuencia del ritmo acelerado en el que vivimos, tendemos normalmente a mantenernos constantemente ocupados o inmersos en nuestros pensamientos. Esto, siguiendo nuestro ejemplo del receptor de radio, equivale a estar con el receptor apagado o sintonizado en otro canal. Puede decirse que la felicidad es lo que uno ignora mientras se enfoca en los acontecimientos cotidianos. ¿Cómo podemos sintonizar con la felicidad? Espero que este libro te de una respuesta a esta pregunta. Lo primero que debes saber es que no se sintoniza cuando buscamos fuera de nosotros, si no cuando aprendemos a mirar en nuestro interior.

La siguiente historia es un ejemplo de cómo la felicidad no es un premio o algo externo a ti que deba obtenerse, ya sea por suerte o por esfuerzo. Al contrario, está dentro de ti, esperando ser reconocida. En esta historia, en lugar de la felicidad, lo que las protagonistas están buscando es su identidad, pero nos sirve como ejemplo de cómo buscar y encontrar en nuestro interior y no en nuestro entorno.

Había una vez, una muchacha que vivía en una aldea pacífica y tranquila. Había perdido la memoria, por lo que pasaba sus días deambulando por la aldea, preguntando a la gente si la conocían. Les preguntaba sobre su familia, su nombre, su historia. Quería saber quién era. Al principio, la gente fue comprensiva y amable; la consolaron, le brindaron su amistad y su compañía. Le ofrecieron trabajos para que pudiera mantenerse, pero eso no la satisfizo. Apenas sobrevivía y fue incapaz de construir una vida mejor. Tenía la necesidad de identificarse a través de un nombre, una familia, y un origen conocido. No podía dejar de pensar en ello y se volvió una mujer frustrada, amargada y enojada con el mundo, lo que causó que enfermara y muriese joven.

En una aldea cercana vivía otra muchacha, igualmente, sin memoria, sin saber quién era. Se dio cuenta de que preguntando a los que la rodeaban no obtenía ninguna respuesta clara sobre su origen y, un día, se sentó bajo un árbol. Cerró los ojos; se sintió triste por su situación. Lloró largo rato, suspiró y notó que se sentía mejor. Después de respirar profundamente unas cuantas veces, percibió su tristeza y soledad en toda su magnitud; sintió su propio dolor emocional, pero lo más importante, se dio cuenta también de lo que tenía, de que estaba viva. Tomó consciencia de sí misma y decidió dejar de buscar el sentido de su existencia a través de un nombre y una historia. Decidió, conscientemente, vivir el presente, construyendo así su futuro.

La muchacha se levantó, regresó al pueblo y comenzó a interactuar con la gente que la había consolado, le habían ofrecido su amistad, su compañía y formas para ganarse la vida. Ella aceptó todos esos regalos y se sintió agradecida por ellos. Más tarde, se dio cuenta de que se sentía mejor estando junto a algunas personas que cerca de otras. Haciendo unos trabajos, el tiempo se le pasaba más rápido que desempeñando otros. Observó cuales eran las conversaciones y las actividades que le hacían sentirse mejor. Su pasatiempo favorito era hacer pan. El olor, el tacto, la magia de mezclar unos simples ingredientes le gustaba, le ponía de buen humor. Sin referencias sobre su vida, se centró en conocerse, en observar y descubrir lo que le gustaba y lo que no, lo que le hacía sentir mejor. Empezó a gravitar hacia ello. Se convirtió en una excelente panadera, se mantuvo soltera y se asentó en una pequeña cabaña al lado del río. Tuvo una vida plena. Se descubrió a sí misma.

En esta historia, la identidad de cada muchacha, el hecho de saber (o no) quienes eran, representa la felicidad. La primera muchacha estaba tan desesperada buscando su identidad fuera, que se perdió en el proceso de duelo por no encontrarla. La segunda joven, sin embargo, tomó una ruta más sencilla: ella desveló su identidad. Al reconocer sus sentimientos, experimentado que ella *era,* creó sus propias referencias y afirmó su identidad.

Tú puedes hacer algo similar con la felicidad: no la vas a encontrar fuera de ti mismo, si no que vas a descubrir cómo sintonizarte con lo que ya está dentro de ti. Las próximas páginas te servirán de guía y apoyo en esta tarea.

Capítulo 3

Desafiando Premisas Erróneas
Primera: *Seré Feliz Cuando....*

Posiblemente piensas que serás feliz cuando alcances ciertas metas. Cuando encuentres el amor, consigas un buen trabajo, tal vez, cuando adquieras el nivel económico o social que habías planeado o cuando tu salud mejore.... Todos estos son ejemplos habituales de metas que nos proponemos y que pensamos nos harán felices. La verdad es que ninguno de estos objetivos es relevante o está directamente relacionado con tu felicidad. Hay un sinfín de ejemplos de personas felices sin aparente éxito social y, viceversa, personas infelices que, aunque parecen tener todo lo que pudieran desear en la vida, sin embargo, se declaran insatisfechas.

La buena noticia es, que debido a que la felicidad no depende de ninguno de estos factores, no necesitas esperar que sucedan. Dado que la felicidad es un estado interior, puedes empezar a ser feliz hoy mismo. Este es un buen momento para que te pares a pensar qué es lo que te detiene, lo que está evitando que seas feliz ahora mismo.

Cualquiera que sea tu respuesta a esta pregunta, seguramente está relacionada con eventos pasados, con deseos o planes futuros que todavía no han llegado a realizarse o con miedos de que algo negativo pueda ocurrir en algún aspecto de tu vida. Puede que no encuentras una razón específica, sino que, simplemente, aunque consideres que las cosas te van bien, no te sientes feliz. Lo que está ocurriendo es que, continuando con el símil del receptor de radio, no estás sintonizando el canal adecuado. En el caso de los seres humanos, el dial para sintonizar el canal que queremos está en nuestros pensamientos.

La actividad que ocupa la mayor parte de nuestro tiempo, tanto si somos conscientes de ello como si no, es pensar. El diálogo interno, ese parloteo constante de nuestra mente es lo que determina como nos sentimos. Los pensamientos tienden a ser repetitivos y, con frecuencia, nos enganchamos a ellos, dando vueltas reiteradamente a ciertas ideas. Muchas veces, esto ocurre con eventos negativos que hemos vivido en el pasado o con miedos de que algo no salga como esperamos. Más adelante, en el libro hablaremos con más detalle de la relación de nuestros pensamientos con nuestra calidad de vida y nuestra felicidad y de cómo tener control sobre ellos; de momento, baste decir que son nuestros pensamientos los que determinan que seamos felices o no y no lo que ocurre a nuestro alrededor.

Segunda: La Felicidad es Algo que Ocurre, Pero no Le Ocurre a Todo el Mundo.

Como acabamos de ver, la felicidad no es algo que ocurre sin más, sino que tiene su origen en tu mente, en tus pensamientos. Por tanto, no es un privilegio de unos cuantos. Tú también tienes la oportunidad de ser feliz, independientemente de tus circunstancias, porque, tanto si ya la has desarrollado como si todavía no, la felicidad es una habilidad innata en ti.

La realidad que se suele olvidar es que aunque muchas veces no tienes control sobre las cosas que suceden alrededor, sí lo tienes sobre lo que tú haces en el día a día y como reaccionas ante lo que ocurre. Esto significa que tienes el timón en tus manos, luego puedes elegir ser feliz o no, sin depender de que ocurra de manera espontánea.

Puedes aprender a ser feliz de la misma forma que puedes aprender a cocinar, a tocar la guitarra o a conducir. Como cualquier otra habilidad, requiere práctica y entender unos principios básicos. Por supuesto, en este proceso de aprendizaje, es normal que en determinados momentos vuelvas a tus viejos hábitos. Todos los cambios necesitan un tiempo para poder asentarse. Ten paciencia y se comprensivo contigo mismo hasta que lo consigas. Vas a implementar nuevas formas de pensar, lo que abrirá la puerta a sentimientos nuevos y este es un proceso que requiere atención y cierto tiempo.

Como Erich Fromm dijo sobre el amor, la felicidad es, también, un arte y puede ser aprendido. Estas páginas están diseñadas para ayudarte a liberar la mente y para darte el conocimiento y el apoyo que necesites en tu búsqueda personal de la felicidad. Si quieres, puedes hacerlo. Es tu elección, tu decisión, y no depende de nada más.

Tercera: Buscar la Felicidad es Egoísta

Podría parecer egoísta el buscar la felicidad mientras que hay injusticia, miseria, dolor y sufrimiento en el mundo, pero sin embargo hay una gran oportunidad para encontrar la felicidad en la compasión y la ayuda a los que están en apuros o con necesidades.

Por otra parte, también es un hecho que mientras más feliz seas y mientras más esparzas este sentimiento a tu alrededor, más fácil será erradicar el sufrimiento de otros.

Solamente teniendo una visión limitada y errónea de lo que es la felicidad podemos considerarla egoísta.

Si pensamos que la felicidad es sinónimo de triunfo, de tener más, de ganar en una carrera hacia el éxito social o económico, entonces sí es algo egoísta (además de erróneo) porque este planteamiento está basado en la competitividad. Sin embargo, cuando recordamos que ningún hombre es una isla y que somos partes de un todo, podemos considerar la felicidad desde un punto de vista global y pragmático. Todo en la vida es energía; todo tiene una vibración específica. La felicidad como sentimiento, como estado interno también la tiene. De la misma manera que un diapasón afina instrumentos musicales por resonancia, la frecuencia específica y fuerte que se identifica con la *felicidad* afecta a las vibraciones de su alrededor. Consecuentemente, mientras más personas vibren en esas frecuencias elevadas, más personas serán afectadas por esta energía y serán capaces de ser felices. La felicidad no es como un kilo de arroz que cuando se empieza a repartir resulta limitado por definición, sino que es como el amor o como las sonrisas, que cuanto más se comparten, más se multiplican, hasta el infinito.

Capítulo 4

El Propósito de la Felicidad

A pesar de que la felicidad es placentera, no es solamente un regalo o algo que sentir porque sí. La felicidad, al igual que nuestros demás instintos y capacidades vitales, cumple un importante propósito. Es una guía para navegar por la vida. Funciona como un GPS (Sistema de Posicionamiento Global), una de esas maquinitas que ponemos en el coche para no perdernos; es algo que nos ayuda a darnos cuenta de donde nos encontramos con respecto a nuestro plan de vida. Desde este punto de vista, la felicidad no es un final por sí mismo; por el contrario, es una manera de medir cómo tu vida se está desarrollando.

Vamos a comenzar en el punto de la encarnación, cuando venimos a este mundo. Tú estás aquí, encarnado en un cuerpo físico por alguna razón. Para aprender, evolucionar, guiar a otros…. Cualquiera que sea tu propósito de vida (no es necesario que lo conozcas), el encarnarse en un cuerpo físico y vivir una vida en lo que llamamos tercera dimensión, es una gran herramienta para tu alma, que es tu parte inmortal, eterna, lo que tú realmente eres. En algún momento, tu alma ha diseñado las líneas principales de lo que sería tu vida, en función de tus objetivos o tu misión al encarnarse, y has venido a la tierra.

Parte del proceso de encarnación implica que no seas consciente de tu plan o propósito de vida. El libre albedrío es importante en tu crecimiento como humano, pero, también, es un riesgo, ya que tus decisiones no siempre están en sintonía con tu propósito. No es fácil saber que opciones son mejores, cuales están alineadas con el propósito que te ha traído al planeta. He aquí, donde la felicidad entra en juego, porque te permite valorar si estás alineado o en sintonía con tu propósito, o si estás lejos de él.

Imagínate la líneas blancas continuas pintadas en los lados y marcando los límites de la carretera.

Mientras las puedas ver, sabes que todavía te encuentras en el camino. Si no las puedes ver y el camino es escabroso e incómodo, quiere decir que estás fuera de la vía. La felicidad es como las líneas blancas. Cuando eres realmente feliz, sabes que te encuentras en el camino correcto en tu vida. Cuando no lo eres, es una señal de que necesitas hacer cambios porque te has desviado del propósito de tu alma. Es realmente un instrumento sencillo, siempre que recordemos que el propósito del alma no tiene que coincidir con el propósito que hemos creado en nuestra mente. Por eso, a veces, uno no es feliz aunque haya alcanzado todas sus metas y otros, sin embargo, son felices llevando vidas que puedan parecernos difíciles.

Cuando experimentas un vacio, un sentimiento de que la vida no es suficiente, una sensación que algo importante falta en tu existencia, es que no estás escuchando la guía de tu alma. De alguna manera no estás siguiendo tu camino. En un caso extremo, puedes llegar a sufrir una depresión, si hay una diferencia grande entre la alta vibración energética de tu alma y la vibración mucho más baja de tu experiencia mental, emocional y de vida.

Desde este punto de vista, la felicidad no es una finalidad por sí misma, sino un instrumento para que sepas cuan cerca o lejos estás de tu camino, de realizar tu propósito en la vida. No estás persiguiendo la felicidad por razones placenteras o narcisistas. Gravitas hacia la felicidad debido a un instinto natural, desarrollado con el propósito de ayudarte a saber si te encuentras o no en el camino correcto.

Recuerdo el caso de Marcos B, un ejecutivo de 37 años. Marcos tenía una buena vida: exitosa carrera en una multinacional, familia unida, salud, amigos y un buen nivel económico. Cada vez que llegaba la posibilidad de un ascenso, él la valoraba en función de cuan positivamente iba a afectar a su carrera y a su economía y aceptaba encantado. Durante unos años fue subiendo en el organigrama laboral, de forma rápida y regular. Cada mejora venía acompañada de un breve periodo de euforia al sentir que había alcanzado una meta, que estaba triunfando, hasta que invariablemente llegaba la hora en la que se sentía cansado, estresado, con la única motivación de seguir ascendiendo, pero sin encontrar sentido a su jornada diaria. Con cada ascenso era más infeliz en realidad. Se dio cuenta un día de que lo que realmente quería era volar de forma profesional. Dejó su trabajo y se hizo piloto. No fue fácil. Algunos días su trabajo le estresa y le da problemas también, pero a pesar de todo, ahora es feliz, siguiendo su auténtica vocación, y tomando sus decisiones, basándose en lo que su corazón le dicta, en lo que le agrada más, y no en lo que va a ser más beneficioso económicamente.

No es extraño que la naturaleza nos haya dotado con un instinto placentero para que podamos cumplir con nuestra tarea. Para asegurar la supervivencia de la especie, el placer está siempre asociado con los procesos más básicos e importantes, como la nutrición, el sexo o la socialización.

Otro ejemplo, relacionado con el cuerpo físico, es el sentimiento de bienestar que experimentas cuando estás sano y te cuidas apropiadamente. Te sientes bien en un cuerpo fuerte, saludable, equilibrado y con energía. Cuando no te cuidas adecuadamente, tu cuerpo te reclama en forma de molestias, dolores o enfermedad, que son signos de disfunción física. Ambos, el dolor y el bienestar, son modos de determinar cómo te estás cuidando. Por tanto, ambos son algo positivo ya que cumplen con su propósito, si sabes escuchar a tu cuerpo.

Dado que cada moneda tiene su reverso, la cruz de la felicidad es la crisis. Una crisis es un punto de inflexión, y como tal, es un punto de crecimiento y evolución ya que suele venir seguido de cambios. Nada en la naturaleza está quieto; todo está en constante movimiento. Todo cambia. La vida, también, es dinámica. A través de la crisis, llegas a la felicidad y, eventualmente, a otra crisis. La buena noticia es que cuando eres capaz de ver la crisis por lo que es, -un momento de crecimiento, una señal de que necesitas un cambio- se convierte en parte del proceso. De ahí que, por definición, una crisis es parte de la felicidad, aunque se vuelva incómoda o dolorosa.

Muchas personas ven la vida y la felicidad con la siguiente imagen: vivimos rodeados de crisis de todo tipo, situaciones que no nos permiten sentirnos satisfechos. La felicidad es una meta difícil. Sin embargo, las cosas son así: somos parte de una realidad mayor. La felicidad es un estado natural y, su propósito, es confirmar que nos encontramos en el camino correcto en la vida. Las crisis y los problemas son parte de la experiencia vital; son necesarios y útiles para el crecimiento. Puedes enforcarte exclusivamente en ellos y sentirte como una víctima o puedes escoger aprender de ellos, trascenderlos y verlos como las herramientas que son.

Hablando sobre estados que son naturales, nada es más natural en el ser humano que el amor. Así que, antes de que comencemos a repasar las herramientas que puedes utilizar para descubrir tu felicidad interior, vamos a observar el rol que el amor juega en este proceso.

Capítulo 5

El Amor y La Felicidad

No es posible hablar de la felicidad sin mencionar el amor, dado que el amor es el tejido conector, el material del que estamos hechos. El amor es la energía que crea, transmuta y trasciende todo. El amor romántico, el amor paternal, el amor fraternal, todos son aspectos parciales o manifestaciones del amor y no son absolutamente imprescindibles para ser feliz, pero, definitivamente, es necesario sentir amor para poder sintonizarse con la felicidad.

Hay infinidad de literatura que trata este tema, pero yo quisiera mencionar, aquí, un par de puntos relevantes que tienen que ver específicamente con tu felicidad. El primero, es hacer una aclaración; cuando digo *sentir amor,* quiero decir sentir como amas, no como eres amado. Sentirse querido es maravilloso y, sin duda, fuente de felicidad, pero no es el tema de este libro. Nos estamos centrando en descubrir la verdadera felicidad, ese sentimiento profundo que tienes dentro y que no siempre te resulta accesible, y el primer obstáculo que podrías encontrar en tu camino es el hecho de no amar lo suficiente.

El segundo punto relevante, es que cuando hablo de amar lo suficiente, no me refiero solamente a un amor de pareja o de familia o al prójimo en general, sino al amor a ti mismo. El primer sujeto que debe recibir tu amor eres tú. Si no te quieres a ti mismo no puedes querer a nadie profundamente, ni tampoco puedes recibir el amor de los demás.

Desafortunadamente, muchas personas igualan el amor a sí mismos o la autoestima con egoísmo, egocentrismo o individualismo. Nada puede encontrarse más lejos de la verdad. Una autoestima bien entendida se basa en la creencia que eres uno con la fuente de la creación, como todos los demás. Eres merecedor de vivir una vida plena. No dependes de los demás para que se hagan cargo de tus necesidades emocionales. Con una autoestima sana, te respetas más y respetas más a los otros. Los valoras, porque no vives con el concepto de que hay personas que merecen menos amor y respeto que otras. Finalmente, y lo más importante, te permite estar en una posición de amar y ayudar a otros alrededor suyo, porque no necesitas sacrificarte para sentirte validado, sino que interactúas y ayudas desde un lugar de compasión y amor.

En términos prácticos, el amarte a ti mismo no es sinónimo de ignorar las necesidades de los demás, sino que significa cuidar de ti y, especialmente, aceptar que, como todos los demás, eres único, irremplazable y querido, siempre, seas como seas. Si ves actitudes en ti mismo que no te gustan, puedes decidir cambiarlas para transformarte en una versión mejor de ti mismo, pero la realidad es que si no te quieres tal y como eres, nadie lo hará.

Cuando eres capaz de quererte y aceptarte como eres, estás enviando al universo el mensaje de eres capaz de amar y te mereces ser amado. Como ya hemos mencionado antes, todo es energía. Los pensamientos y los sentimientos, también, y las energías similares se atraen. Recibimos del universo lo que está en sintonía con lo que enviamos, como un eco, como si el mundo actuara igual que un espejo y, por eso, al querernos a nosotros mismos, nos abrimos a recibir el amor de otros.

Posiblemente conoces la historia de un pequeño huérfano viviendo en un país violento y empobrecido de África. Él tenía unos ocho o nueve años y su hermana menos de tres. Vivían en las polvorientas calles de una aldea pequeña, cuando recibieron la visita de una agencia internacional de ayuda. Uno de los empleados se conmovió por la devoción y diligencia del niño mayor cuidando a la más chiquita a pesar de ser tan joven. El empleado reconoció ese esfuerzo diciéndole que la agencia estaba feliz en poder ahora aliviar su carga. El hombre se sintió avergonzado cuando el niño, sorprendido y un poco confuso por el comentario, le sonrió y dijo, "Pero… ella no es una carga, es mi hermanita."

Sólo alguien con un corazón desbordante de amor, puede mirar esa responsabilidad no como un sacrificio, sino como algo natural consecuencia de ese cariño.

Capítulo 6

Diferenciar Culpa de Responsabilidad

Independientemente de tus creencias religiosas o espirituales, es probable que estemos de acuerdo sobre el hecho de que eres un alma encarnada en un cuerpo físico. La felicidad pertenece a este aspecto humano: el alma, el reino espiritual; por ello, la felicidad ya está en ti. Cuando no la sientes, quiere decir que tu vida emocional y tus pensamientos se están enfocando en otra cosa; estás distraído. Por tanto, lo que procede es hacer los ajustes necesarios para que puedas enfocarte, sintonizarte con este sentimiento.

A continuación, voy a darte una serie de herramientas que te van a servir para transformar tu realidad emocional, para limpiar todo lo que te está distrayendo de tu propia naturaleza y no te deja ver tu camino. En realidad, el camino hacia la felicidad auténtica y duradera no es de construcción, sino de limpieza. No vamos a crear nada nuevo, sino a despejar y definir lo que ya está en ti, pero no puedes encontrar porque está enterrado en un batiburrillo de emociones, hábitos, creencias y todo lo que conforma nuestra compleja vida emocional. La primera herramienta, o el primer paso es diferenciar "culpa" de "responsabilidad".

Asumamos que no eres feliz y quieres serlo. A estas alturas del libro ya sabes que la felicidad está en ti, pero necesitas un poco de ayuda para encontrarla y por eso sigues leyendo. Ya has revisado tu autoestima y el amor que eres capaz de sentir por ti mismo y por los demás. El siguiente paso, es tomar conciencia de que, sea cual sea la situación en la que te encuentres, no es culpa de nadie, ni siquiera tuya. No hay nadie a quien culpar. Y, lo que es más importante, necesitas tener muy presente que es tu responsabilidad –y solo tuya- el moverte hacia adelante y cambiar lo que necesite ser cambiado.

Ser feliz es una elección. Una persona feliz no depende de las circunstancias externas para determinar cómo se siente. No siempre puedes escoger lo que ocurre a tu alrededor o en tu vida, pero puedes elegir cómo reaccionar ante ello. A menudo, es tentador culpar a otros de tu falta de felicidad, porque claramente hicieron o dijeron algo que ha provocado una reacción, un sentimiento negativo, una sufrimiento en ti. En realidad, si analizamos el proceso, es tu reacción ante lo que haya podido ocurrir, lo que te está haciendo infeliz. Nadie tiene el poder de hacerte feliz o infeliz, excepto tú mismo, a menos que les des ese poder. Es tiempo de dejar de culpar y empezar a asumir responsabilidad de tus reacciones, pensamientos y sentimientos, ya que son solamente tuyos.

Considera el siguiente caso: conocí a Berta, una mujer de 35 años, cuando su prometido la dejó, después de cuatro años de noviazgo, por una mujer que acababa de conocer pocas semanas antes de la boda. Berta se sintió deprimida, humillada y muy enfadada. Esos sentimientos se apoderaron de ella, de tal manera, que no pudo establecer una relación amorosa satisfactoria durante más de cinco años.

A pesar que lo que ocurrió, no fue en absoluto su culpa, ella fue responsable de su infelicidad por la manera en que reaccionó y manejó la situación y por las consecuencias que su respuesta produjo. Mientras se mantuvo insistiendo en la idea que ella era la víctima y él era el villano de la historia, se sentía con derecho a estar amargada. Pero, en realidad, la única responsable (no culpable) por su falta de felicidad, fue ella. Tuvo la opción de superarlo, de seguir adelante. Pudo elegir dejar este episodio doloroso atrás y volver a abrir su corazón. La pregunta que debería haberse hecho es: ¿quieres solo tener la razón y continuar así en tu posición de víctima, o quieres ser feliz? Aunque tenía razón al sentirse enfadada, pudo haber elegido de forma diferente. Estas elecciones son las que crean nuestra vida y las que nos hacen sintonizar con nuestra felicidad. Analizar las razones por las que nos encontramos en situaciones dolorosas para aprender de ellas es una buena opción, pero después de un tiempo razonable de duelo, es importante no dejar que lo ocurrido defina nuestro destino.

La culpabilidad –ya sea dirigida hacia ti o hacia otros- no es necesaria, deseable, ni útil. Lo que haces, con sus errores, es aprender de ellos y seguir adelante y dejar que las demás personas hagan lo mismo. Los errores, a pesar de que pueden ser dolorosos y conllevar consecuencias serias, son parte de la vida. Cuando los hay, tanto por nuestra parte como por parte de otros, aprender de ellos y continuar adelante es la forma de darles sentido. Una vez que la culpabilidad está fuera de la ecuación, puedes enfocarte en tus propias reacciones y esas son, definitivamente, tu responsabilidad.

He aquí un ejemplo bien simple de lo que representa cambiar de actitud y asumir la responsabilidad en tu vida cotidiana. Estás en un atasco de tráfico y vas a llegar tarde a una reunión importante. Te pones de mal humor. Se te cae el café mientras esperas en el coche, le gritas a tu socio por teléfono y pasas irascible y estresado el resto del día. Obviamente, no es culpa tuya que haya un atasco, pero tu reacción sí es responsabilidad tuya. Puedes escoger de modo diferente. Puedes pensar que no hay nada que este en tu mano respecto a llegar tarde y utilizar el tiempo de una manera más positiva: mantenerte calmado y aprovechar esos minutos en el tráfico para pensar en algo más productivo o placentero que la situación que estás pasando.

Entender este punto es importante porque demuestra la diferencia entre tomar el control de nuestra vida y felicidad o ser pasivo y esperar a ver si hay suerte y todo sale bien. ¿Qué te detiene para elegir la mejor opción? Simplemente la costumbre de caer en la primera reacción, la que es automática y se produce sin pensar. Es simplemente un hábito, y como tal, susceptible de cambio. El ser testigo consciente y percibir esas reacciones te va a permitir hacer mejores elecciones y ser feliz.

Las personas que han decidido ser felices, a pesar de sus circunstancias, han parado de culpar al mundo y han tomado responsabilidad por sus acciones. Individuos infelices, en cambio, llevan una vida vacía e infeliz, aunque no tengan grandes retos. Ambos grupos son pruebas de que la felicidad es una elección. Una elección que hacemos minuto a minuto.

Capítulo 7

Aprender a Observar

El primer paso, ahora, es evaluar con sinceridad donde te encuentras en este momento, en cuanto a tu felicidad. Para ello, tómate unos minutos, relájate y simplemente se consciente de cómo te sientes. Cuando estás revisando lo feliz o infeliz que eres, no busques evaluar lo que tienes o has obtenido, ni pienses en tu trabajo, tu familia, tu salud o tu vida social, porque la felicidad pertenece al plano del espíritu, a tu alma. Reflexiona únicamente en cómo te sientes dentro de ti, no en relación a nada externo.

Tú no eres tu trabajo, tu posición financiera o social, ni siquiera tu familia o las relaciones que tengas. Tú eres lo que está dentro de ti. La mayoría de la gente lo llama alma, pero puedes referirte a ello con el nombre o imagen con la que te sientas más cómodo. Si no tienes práctica en observar cómo te sientes, o te cuesta dedicar unos minutos a estar relajado y percibir tus sensaciones, puedes comenzar por percibir cómo te sientes en tu cuerpo. Estás cómodo, incómodo, tenso, relajado, hambriento…. Igual te sientes cansado o, por el contrario, lleno de energía. Tómate unos momentos. Tu atención debe enfocarse en percibir todas las sensaciones posibles.

Ahora, puedes seguir notando como te sientes físicamente en relación a tu entorno. Observa como es el contacto de tu piel con el mundo exterior a ti. La ropa que llevas, el mueble en el que estás sentado, la temperatura, todo lo que está enviando señales a tu piel. No percibas tu cuerpo en términos de si te gusta o no, o qué es lo que cambiarías en él. Simplemente observa cómo lo habitas, cómo vives dentro. Igual que un cangrejo ermitaño que mora en su caparazón, sólo que con una política inmobiliaria menos flexible.

Lo que estés percibiendo en cuanto a cómo te sientes físicamente no es lo importante. Lo que importa, es el hecho de que al darte cuenta de lo que sientes *en* tu cuerpo, te estás diferenciando de él. Lo relevante, es que te des cuenta de que al hacer este ejercicio tan simple, es como si te desdoblaras en tres sujetos o tres aspectos de ti mismo:

- Tu cuerpo físico
- Tú sintiendo (la ropa suave, el calor, el olor que viene de la cocina…)
- Tú observando, siendo testigo de lo que ocurre (notando que estás percibiendo algo).

Este último sujeto, el testigo, es el punto importante de éste capítulo. El testigo representa la consciencia. Si eres capaz de sentir cómo vives dentro de tu cuerpo, te darás cuenta de que no eres tu cuerpo, sino que éste es un vehículo, un soporte físico que ocupas. Es donde vives, lo que utilizas para interactuar con el mundo, pero no eres tú. Esto es lo que llamo ser testigo de tí mismo y es, el primer paso, para poder conectarte con la felicidad, porque por un lado te permite acceder a tu interior, a quien realmente eres, con independencia de tu vida diaria, y por otro, es un gran instrumento para que puedas darte cuenta de lo que puedes cambiar, de lo que puedes hacer de forma diferente a la hora de sintonizar con la felicidad auténtica.

De la misma forma que has podido desligarte de tu cuerpo físico, en el sentido de darte cuenta que no eres tu cuerpo si no que habitas en él, puedes percibir, también, que tu vida familiar, tu trabajo, tu situación financiera o tu forma de vida, son consecuencias directas o indirectas de elecciones que has hecho en el pasado, pero no son *tú*. Este proceso es lo que yo llamo desidentificarse. Independientemente de que veas estos aspectos de tu vida, de forma positiva o con sentimiento de fracaso, lo importante, en este punto, es que te des cuenta de que son algo independiente de ti mismo. Son lo que tienes o lo que vives. Son el entorno en el que te encuentras, pero no son *tú*. No son quien tú eres realmente. Una vez que asimiles esta verdad, será mucho más fácil para ti considerar la posibilidad de tomar el control y cambiar cualquier parte de tu realidad que no resuene, que no esté en sintonía con quien tú eres. No eres tu cuerpo físico, ni tu posición laboral, social o familiar. Estos son roles, papeles que se adoptan en un momento dado, pero no son quien tú eres.

Cuando te observas a ti mismo, cualquier aspecto de ti mismo, estás siendo testigo, luego estás siendo consciente de una parte determinada de ti o de tu vida. Recuerda que el *testigo* no es el aspecto tuyo que está sintiendo, si no el que es consciente de ello. Por ejemplo, si te empiezas a sentir enfadado por algo que acabas de escuchar, el testigo no es la parte de ti que está sintiendo el enfado, si no la parte que está observando cómo te enfadas; la parte que se está dando cuenta. Este ejercicio, es una herramienta fundamental para aprender a conocerte a ti mismo mejor y para cambiar cualquier cosa que quieras modificar en tu vida. Mientras más utilices esta herramienta, más fácil te resultará no identificarte con todo lo que no pertenece a tu verdadera naturaleza. Ser capaz de ser *testigo* significa ser capaz de no implicarse con lo que se ve, puesto que el testigo no lo está viviendo, si no que lo está observando desde fuera. Por eso es tremendamente útil como herramienta de cambio. Para ello necesitas saber también cómo reaccionar ante lo que estás percibiendo y, eso, es lo que puedes explorar en el siguiente capítulo.

Capítulo 8

Las Etiquetas Son Buenas Solo para las Compras

Observarte a ti mismo, tus sentimientos, tus reacciones..., es una herramienta muy útil como vimos en el capítulo anterior. El secreto para usarla bien es dejar todo tipo de juicio fuera de la ecuación.

Nuestra sociedad está acostumbrada a juzgar, a etiquetar todo como bueno o malo. Un accidente de coche es malo, una promoción en el trabajo es buena. El hecho de que tu pareja te engañe es malo, ganar la lotería es bueno. Estas etiquetas son lo que llamamos *imágenes* y están arraigadas no solamente en nuestra mente, sino en el subconsciente colectivo, aunque esto no significa que sean ciertas, así que vamos a aprender a modificar estas imágenes y, ver la vida y lo que nos ocurre, desde otro punto de vista.

Una vieja historia Zen ilustra este concepto. Había una vez un campesino entrado en años cuyo caballo se escapó. Los vecinos visitaron al campesino, sintiendo pena por él. Cuando le comentaron sobre su mala suerte, él, simplemente, dijo *puede ser*. Unas semanas después, el caballo regresó, trayendo consigo una preciosa yegua salvaje. Todos alrededor del campesino estaban felices por él. Sus vecinos le decían lo grande que era su suerte. Su respuesta, inmutable, fué *puede ser*. La siguiente semana, cuando su hijo estaba tratando de domar la yegua salvaje, fue seriamente herido. Se había roto la pierna y el pie quedó gravemente maltrecho. Le llevó varias semanas recuperarse y, al final, los doctores no pudieron salvar tres de los dedos de su pie. El muchacho jamás podría correr otra vez. La esposa del campesino estaba muy alterada, así como los vecinos. Todos le manifestaron su pesar y comentaron la mala suerte del chico. Como respuesta, el campesino, otra vez, simplemente dijo *puede ser*.

En este punto, los amigos y vecinos del granjero estaban pensando que estaba un poco chalado, porque les parecía antinatural mostrar esa falta de emociones. Parecía que no le importase nada de lo que ocurría alrededor, porque, independientemente de que los eventos fueran buenos o claramente negativos, él nunca mostraba una reacción definida. Seis meses después, los aldeanos entendieron mejor. El gobierno había declarado la guerra a otro país y estaba recluyendo jóvenes para el ejército. Cuando los oficiales llegaron a la granja, vieron que el muchacho no podía correr y decidieron no llevárselo. Está de más decir que, ahora, los vecinos del campesino pensaron que eso era buena fortuna. Otra vez, el padre reaccionó diciendo *puede ser,* aunque ésta vez, lo entendieron.

En realidad, no se puede saber, desde una perspectiva amplia y general de la vida, si algo es bueno o malo en términos absolutos. El destino nos lleva donde necesitamos ir. El hecho de que, percibamos el camino como un paseo placentero o como un laberinto tortuoso, dependerá mayormente de nuestra resistencia, y en última instancia, de cómo juzguemos lo que nos ocurre. En términos prácticos, estoy segura que has oído los casos de muchas personas que han ganado la lotería y, al cabo del tiempo, han encontrado miseria y dolor, o sobre otros que han encontrado un "*leitmotiv*" y la felicidad, a continuación de un evento desafortunado. Juzgamos las situaciones, como positivas o negativas, cuando tenemos una visión estrecha de la realidad, a corto plazo, y enfocándonos en lo que nos gustaría o en lo que nos hemos acostumbrado a pensar que es bueno. Lo correcto sería tener una visión más amplia, a largo plazo, y basada en lo que es bueno para el desarrollo del alma, que es a lo que hemos venido.

Los acontecimientos por sí mismos no son buenos ni malos. De la misma manera, muy a menudo entendemos o percibimos las palabras o las acciones de otras personas a través de su propio conjunto de valores. Considera la siguiente historia.

Una pareja de edad madura iba a cruzar una calle muy concurrida. El caballero, apuntando a un momento y lugar específico entre dos coches que estaban pasando por la carretera, le dijo a su esposa: "cariño, cruza por aquí". Muy cerca, una señora que estaba siendo testigo del momento, le dijo a su hija: "Qué suerte tiene. Mira como la cuida". Unos minutos después, la esposa que estaba cruzando la calle se quejó a una amiga, "¿Puedes creerlo? A mi marido le gusta tanto mandar que hasta me dice por donde debo cruzar la calle, como si yo fuese una niña pequeña".

La testigo era una viuda que extrañaba a su marido y se sentía muy sola. Ella añoraba sus cuidados, y eso fue lo que ella vio. La señora que estaba cruzando la calle, sin embargo, había crecido con un padre bastante severo y controlador y tenía dificultades aceptando la autoridad. Al señor que ayudaba a su esposa le gustaba tener el control de las situaciones porque se sentía seguro de sí mismo, útil y necesario. Había dedicado su vida a cuidar a su esposa, lo que para él era una prioridad. Todos ellos tenían razón, pero fueron parciales en su juicio. La parte interesante, por tanto, es el observar cómo algo tan ordinario afectó a ambas mujeres. Una de ellas se conectó con la nostalgia, la otra se enojó. Al final, las reacciones de cada una fueron un producto de sus experiencias, sus expectativas y sus ideas, porque lo único que ese señor dijo fue "cariño, cruza por aquí".

Cuando soltamos la necesidad de juzgar y controlar, encontramos la libertad.

Cuando dejas de juzgar y de etiquetar las situaciones como positivas o negativas, aprendiendo a asumirlas con actitud de confianza, sabiendo que ocurren por alguna razón, estás cambiando tu perspectiva en la vida. Mantener la perspectiva correcta significa que te enfocas en una visión más general y considerando una realidad mayor de la que tus sentidos te están presentando, y este es el tema del próximo capítulo.

Capítulo 9

Mantener la Perspectiva Correcta

Cuando salimos de viaje y hacemos fotografías para compartir luego con nuestra familia, si las hacemos con diferentes perspectivas ellos podrán entender mejor la realidad de lo que hemos visitado. A veces necesitamos una imagen muy cercana que nos muestre un espacio pequeño con mucho detalle, pero otras veces, necesitamos retratarlo desde lejos e incluir muchos más elementos en la imagen, aunque todo tenga menos detalle.

Cuando nos enfrentamos a problemas cotidianos, a menudo, no se nos ocurre cambiar nuestra perspectiva e insistimos en verlo desde tan cerca que perdemos la imagen total. Nos enfocamos en un aspecto estrecho y parcial de la realidad y le ponemos una etiqueta basada en un punto de vista pobre y restringido.

Al ser capaces de expandir nuestra perspectiva, sin embargo, es posible ver que los contratiempos son muy a menudo bendiciones. Todo sirve a un propósito más elevado.

Tu propósito en la vida tiene que ver con tu crecimiento espiritual y tu experiencia física será modificada como y cuanto sea necesaria para propiciar el cumplimiento de ese propósito.

Los jugadores de ajedrez saben que el objetivo del juego es conseguir dar mate a su contrincante y, que en el proceso, algunas piezas serán sacrificadas en pos de ese propósito. Los que tienen hijos saben que las lágrimas que secan de sus caritas cuando reciben una vacuna son el precio a pagar para protegerlos de enfermedades. Es fácil ver el panorama más amplio en esos dos ejemplos mundanos. Uno se enfoca en el objetivo final y ve esos pequeños sacrificios como irrelevantes. La vida es más compleja que estos dos simples ejemplos, por lo que no es siempre fácil entender la situación que estamos enfrentando, el tipo de situación que trae dolor y sufrimiento. Encarnamos con el propósito de crecer y evolucionar, cada uno a través de desafíos individuales específicos. Para alcanzar este objetivo es necesario tener ciertas experiencias. A veces es fácil escuchar la guía interna y seguir de manera natural el sendero diseñado previamente a la encarnación, pero con frecuencia uno ignora completamente esa guía y no tiene ni idea de cuál es el camino a seguir. La vida, entonces, da llamadas de atención. Esas llamadas se hacen más fuertes si son ignoradas. Ahí, es cuando entra en juego el sufrimiento.

Recordar que todo pasa por alguna razón no es suficiente para vencer el dolor de los momentos desagradables de la vida. Cambiar de perspectiva, sin embargo, puede ayudar a suavizarlos. Vamos a ver una forma de hacerlo, muy similar a como manejarías el objetivo de una cámara de fotos o vídeo.

Empieza por ser consciente de tu dolor, enfado o cualquier otro sentimiento que estés intentando superar.

Seguidamente, y en la línea del ejercicio que ya has hecho de observarte a ti mismo, imagínate que estás mirándote a través de una cámara de video. Mírate a ti mismo mientras te estás enfrentando ese sentimiento doloroso; de esa manera, eres ambos, el que observa y el que es observado.

A continuación, observa desde una distancia mayor, incluyendo el lugar donde estés, y sigue ampliando la perspectiva de tu visión hasta incluir las personas que ves, el edificio, el vecindario, la ciudad, el país, y finalmente el planeta.

Finalmente, puedes dar un paso más y mirarte a ti mismo no solamente en un lugar si no también en un momento particular en el tiempo: este año, unos años atrás; cuando eras más joven; cuando eras un niño; Puedes mirar en el futuro también: en unos meses, en unos años; toda tu vida. Tu vida en este momento y lugar es realmente un parpadeo en una mancha de tierra en el espacio y, sin embargo, como observador, sigues ahí, más grande que el tiempo, más grande que el espacio, capaz de observar la diminuta y frágil realidad de la encarnación humana. Existe una precisión divina en el caos aparente de la vida. Las experiencias que vives tienen el propósito de enseñarte las lecciones que necesites saber y facilitar tu crecimiento. El sufrimiento no es siempre necesario y, en muchos casos, es una consecuencia de decisiones hechas sin estar alineados con nuestro propósito. En cualquier caso, el sufrimiento pasará, porque es sólo una reacción a un evento y está condicionado a tus pensamientos y tu sistema de creencias. La parte de ti que está observando, es eterna, siempre creciendo y evolucionando; es moldeada por los eventos vividos en cada encarnación. La aceptación de este hecho nos da la habilidad de trascender el sufrimiento y crecer.

Como ves, un dolor intenso probablemente no desaparecerá aunque lo veamos desde esta perspectiva tan amplia, pero seguro que, los disgustos producidos por tu pareja al no tapar el tubo de pasta de dientes y la mayoría de las minucias que nos irritan en la vida cotidiana, se desvanecerán. Mantener la perspectiva correcta es importante cuando se trata de descubrir la felicidad. Significa ser consciente de que se es parte de una realidad mucho mayor, y de lo insignificantes y triviales que son los eventos que nos disgustan a diario.

La historia de cinco ciegos viviendo en una pequeña aldea en India nos ayuda a entender mejor cómo funciona la perspectiva.

Una mañana, cinco hombres ciegos estaban sentados en el campo, cuando un niño pequeño llegó corriendo. "¡Un elefante! ¡Un elefante!" exclamó. Los hombres ciegos estaban emocionados porque nunca antes habían estado cerca de un elefante. Lograron reunirse alrededor del animal. A través del tacto trataron de entender como era un elefante. Después de un rato, el primer hombre, que estaba tocando los colmillos, dijo: "El elefante es frio, duro y muy suave".

El segundo, que había estado tocando una pierna, dijo: "No, el elefante es grueso y redondo como un árbol".

El tercer hombre, tocando la oreja, dijo: "Ni hablar. El elefante es chato, ligero, rugoso y alto."

El cuarto, el cual había estado tocando la cola, dijo: "Estáis todos equivocados: el elefante es largo, delgado y flexible, como una cuerda."

Finalmente, el quinto hombre, que estuvo sintiendo el costado, dijo: "Nada de eso, el elefante es duro, grande, áspero y plano como una pared."

Los hombres comenzaron a pelear, ya que cada uno de ellos estaba absolutamente seguro de lo que había sentido y era claro, para cada uno de ellos, que los demás estaban equivocados. Afortunadamente, el niño de la aldea terminó la disputa al explicarles que cada uno notó una parte diferente del animal, y que cada uno de ellos tenía razón, pero sólo parcialmente.

La realidad era mayor de lo que ellos podían percibir, y eso es lo que nos ocurre la mayoría del tiempo. Cuando consideramos una situación tendemos a enfocarnos en un punto de vista bastante limitado, cuando sería mejor incluir una perspectiva mayor.

Los ciegos de la historia quedaron agradecidos con el niño por la explicación, y la gratitud es la siguiente herramienta sobre la que vamos a tratar.

Capítulo 10

Gratitud

¿Cuándo pones más cuidado en recordar ocasiones especiales o escogiendo regalos: cuándo los que lo reciben muestran su aprecio por ellos o cuándo sistemáticamente los ignoran? La gratitud es un sentimiento que manda un mensaje al universo: me gusta esto, merezco esto. Más que eso, la falta de gratitud también manda un mensaje: no me interesa; no me importa; no lo merezco. Y el universo siempre responde con reciprocidad.

En términos de vibración energética también hay una explicación: cuando tus pensamientos son positivos, te sientes mejor y tu nivel vibratorio aumenta. A diferencia de lo que ocurre con la energía eléctrica, en bioenergía los iguales se atraen. Como resultado, atraemos personas, objetos, y eventos de vibración similar. En otras palabras, aquello en lo que enfocamos nuestra atención se vuelve más fuerte y tiende a desarrollarse más. Si diriges tu atención a las cosas que no te gustan o por las que no te sientes agradecido, se volverán más importantes y ocuparán más espacio en tu realidad. Sin embargo, cuando estás agradecido, enfocas tu atención en aquello que aprecias, y eso es lo que crecerá en tu vida.

Uno de los autores cuyo libro me gusta recomendar es el Dr. Masaru Emoto. Como sanadora soy completamente consciente del efecto que los pensamientos, los sentimientos y las palabras tienen sobre el mundo físico; como persona feliz que cultiva la gratitud, sé de sus efectos en mi vida. No obstante, es impactante y realmente educativo poder ver con tus propios ojos, de una manera física y tangible, los efectos que la gratitud, así como otras palabras y sentimientos, tienen en el agua.

En el libro del Dr. Masaru Emoto, *Los Mensajes Escondidos en el Agua,* aprendemos que el agua puede ser programada, y puede cargar información. El Dr.

Emoto lo demuestra tomando fotografías de gotas de agua congeladas antes y después de ser expuestas a diferentes sonidos, palabras escritas o habladas, o sentimientos. El Dr. Emoto encontró que el amor y la gratitud forman los cristales más bonitos, independientemente del idioma.

Si la gratitud puede crear un cristal como este

De una gota de agua como esta

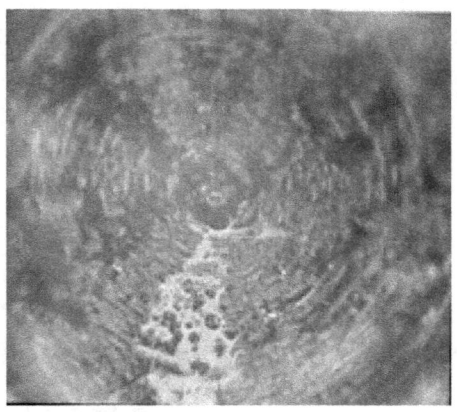

y todos somos agua en un 70%, es más que evidente que los pensamientos, las palabras y las emociones moldean la realidad.

Sentirse agradecido nos hace estar presentes, y esta es otra razón para que nos tomemos unos momentos y nos demos cuenta de la cantidad de motivos de gratitud que encontramos en nuestra vida.

La felicidad es como una obra impresionista, hecha de innumerables pequeños toques.

No se trata de que nos convirtamos en espíritus puros, sino de tener muchos momentos durante el día en los que estamos presentes y conscientes. La gratitud significa no dar por sentado el sol, la luz, el aire, tu cuerpo, tu familia, y tantas otras cosas que hay en tu vida.

Si piensas que no tienes absolutamente nada por lo que estar agradecido, siéntate con calma, y piensa otra vez. Siempre hay algo que valorar. Cuanto más practiques, tanto más reconocerás las razones por las que sentirte agradecido. Si eres escéptico, simplemente haz la prueba.

La gratitud puede ser considerada una piedra angular a la hora de conectarnos con nuestra felicidad, porque es la forma más rápida y sencilla de elevar nuestra vibración. Cuando te encuentres en un momento difícil, en un punto muerto en el que no sabes muy bien cómo actuar o cuando te sientes triste, desbordado por sentimientos negativos y sin saber cómo salir de ello, la mejor forma de cambiar esta situación es practicar la gratitud de forma consciente. Simplemente empieza a enumerar todo aquello que te hace sentirte agradecido; las personas, las cualidades, las cosas, las situaciones que aprecias. Este simple hecho elevará tu vibración, de forma que te resulte más sencillo ver el camino correcto para ti o entender cuál es el siguiente paso a dar.

Es una sana costumbre empezar y terminar el dia reconociendo algo por lo que estés agradecido. Aquello por lo que te sientes agradecido tenderá a perpetuarse, a aumentar, a amplificarse.

Capítulo 11

Los pensamientos se pueden controlar

Hemos visto lo importante que es observarnos a nosotros mismos, no juzgar y mantener la perspectiva correcta. Estas habilidades llevan sin duda a sintonizar con la felicidad, porque permiten cambiar los pensamientos. Como he mencionado ya, en uno de los capítulos anteriores, vamos a ver la relación entre nuestros pensamientos y nuestra calidad de vida.

Los sentimientos son una respuesta emocional a lo que pasa por nuestra mente; por tanto, aunque pertenecen al terreno emocional, en realidad son una consecuencia de lo que pensamos.
Como bien sabes, porque seguramente lo habrás intentado alguna vez, no puedes, sin más, cambiar como te sientes en un momento dado, como si fuera una

camisa. Pero te alegrará saber que hay una forma de hacerlo y es a través de tus pensamientos.

Cada pensamiento tiene una vibración específica y produce una respuesta emocional en nosotros. Este es un proceso constante y automático y viene determinado por nuestras experiencias, nuestra educación y nuestras ideas, por lo que el mismo pensamiento producirá reacciones diferentes en cada uno. En el momento que piensas en algo se produce una respuesta en ti, una sensación.

Cuando te sientes mal, cuando lo que sientes no es positivo o no se acerca a la felicidad con la que estás aprendiendo a sintonizarte, párate a observar y date cuenta de los pensamientos dominantes que hay detrás y que han originado estos sentimientos. Una vez que eres consciente de esto, tienes la opción de elegir pensamientos más positivos y centrarte en ellos. Estos pensamientos positivos producirán también respuestas emocionales automáticas y positivas, lo que generará en ti sentimientos más agradables.

Soy consciente de que esta práctica, en principio, puede generar cierto escepticismo o resistencia entre mis lectores. Constantemente, veo en mi consulta que cuando invito a alguien a cambiar pensamientos nocivos por otros más positivos durante una sesión, hay una negativa inicial. Algunas veces, esta negativa es fácil de entender. Por ejemplo, una clienta vino profundamente afectada porque a su hija le habían diagnosticado una enfermedad grave. Es comprensible que esta señora se sintiera desolada. Es fácil de entender, también, que me mirase con mala cara cuando le dije que teníamos que cambiar lo que estaba pensando. Su reacción inicial fue asumir que yo esperaba un cambio de tema o una negación de la gravedad de la situación. Bajo su punto de vista, debido a que el drama era grande, real y tangible, no había ninguna otra posibilidad de mantener su mente ocupada con algo distinto de lo que le ocurría a su hija. Sin embargo siempre hay otras posibilidades. La realidad es siempre más amplia, sin necesidad de negar un hecho doloroso o engañarnos a nosotros mismos. En este caso, mi sugerencia fue que se centrara en cómo iba a ayudar a su hija. El apoyo, la compañía, la ayuda logística, física, emocional o espiritual que iba a proporcionarle. Al hablar, fuimos centrándonos en todo lo que podía hacer y, de hecho, ya estaba haciendo en este sentido. Hablamos de las posibilidades de curación y del tiempo que estaban compartiendo juntas. Me contó anécdotas de esos momentos. Fue centrándose en pensamientos y recuerdos positivos, dentro de la adversidad. Se vió agradecida porque podía estar con su hija. Se sintió esperanzada. Poco a poco, fue encontrándose mejor. Entonces, se dio cuenta de que es posible elegir pensamientos mejores que los que nos hacen sentir mal, sin necesidad de negar la realidad, ni el dolor que una situación difícil produce.

La mayoría de las veces, es más fácil que en un caso extremo como el del ejemplo anterior. Los problemas diarios son más sencillos de poner en perspectiva y siempre se puede encontrar la parte positiva de una situación, o un pensamiento alternativo. La próxima vez que no te sientas capaz de salir de un estado negativo observa los pensamientos que te están llevando a esa situación, y, conscientemente, haz el esfuerzo de cambiarlos por otros más agradables. Imagina o recuerda algo que te haga sentir mejor. Encuentra algo que agradecer. O, por lo menos, se consciente de que eres capaz de hacerlo si así lo deseas, en el momento que te sientas preparado para salir del estado emocional en el que no quieres estar más. Al fin y al cabo, eso es lo importante: saber que eres tú el que tiene el control, que no eres una víctima sin poder de decisión sobre tu vida y sobre cómo te sientes.

Capítulo 12

Eliminar la Culpabilidad

A la hora de limpiar nuestra realidad emocional para sintonizarnos con la felicidad, una de las cargas que tendemos a llevar y que es más ampliamente aceptada (y más innecesaria) es la culpa. Vamos a ver cómo es posible manejarla de una forma útil y sana.

Desde un punto de vista espiritual, *aferrarse a la culpa,* es una *carga*, un desperdicio tóxico para la mente y el espíritu, sin ningún valor en cuanto a nuestro crecimiento espiritual. Culpar a otros, impide que nos conectemos con nuestra esencia y, culparnos a nosotros mismos, tiene exactamente el mismo efecto. Cuando uno se aferra a la culpa, está malgastando su tiempo, dado que esto lo previene de amar y sentirse agradecido y, también, de seguir adelante con su vida. La culpa es una energía de baja vibración y atrae más de lo mismo.

Date cuenta que no he dicho que la *culpa* es una *carga*, si no que *aferrarse a la culpa,* es una *carga,* ya que hay una gran diferencia. Podemos comparar la culpa con el botón de arranque del coche: útil solamente por un momento; o con la sal, buena sólo en pequeñas cantidades.

El único propósito de la culpa es enseñarnos quienes somos realmente respecto al asunto por el que sentimos culpabilidad. Por ejemplo, solamente si eres honesto te sentirás culpable actuando de manera deshonesta. Solamente si eres sincero te sentirás culpable por mentir, etcétera. Los psicópatas son los que no muestran remordimiento, culpa o arrepentimiento por sus acciones. Por ello, la culpa es una buena guía para mostrarte tu verdadera naturaleza más allá de las apariencias. El sentirte culpable por algo te hará darte cuenta que no eres realmente como parece que eres por tus acciones y, eso, te ayudará a superarte y a sobreponerte por lo que hayas hecho. Cuando aceptas esa verdad y te enfocas en la realidad de quién eres, más allá de tu personalidad, puedes conectarte con tu alma y te encuentras un paso más cerca de ser feliz.

Una vez que te has dado cuenta de que lo que has hecho o lo que has elegido no está alineado con tu verdadera naturaleza y actúas en consecuencia con ello, la culpa deja de ser necesaria; a partir de aquí, aferrarse a ella es una carga para ti. Cuando te das cuenta de la extensión de sus acciones, te arrepientes y, si es posible, ofreces una compensación; el siguiente paso es perdonarte y aprender de tus errores. Este proceso de perdón y aprendizaje implica que sueltes por completo tu culpa. El problema surge cuando insistimos en sentirnos culpables, como si el sentirnos mal fuera a redimirnos por lo que hemos hecho. El problema es agarrarse a la culpa más allá de lo necesario, en lugar de dejarla ir.

Soltar las emociones, ya sean percibidas como positivas o negativas- especialmente si son negativas- a menudo parece una tarea difícil, porque nuestra mente no está preparada para hacerlo. Una vez que lo hemos aprendido, sin embargo, es una bendición y una habilidad liberadora. Este proceso se logra en dos pasos: primero, *darte cuenta* de que estás enganchado a ese sentimiento de culpa y *decidir* sin duda alguna de que quieres deshacerte de él. Segundo, dejar de darle vueltas.

Ya sé que en este momento seguramente estás pensando que eso es una perogrullada; que si pudieras dejar de darle vueltas lo harías; que es más fácil decirlo que hacerlo. Bien, pues que no cunda el pánico porque la buena noticia es que sí se puede. Si te resulta difícil dejar de pensar sobre ese tema, una buena opción es decidir qué es lo que vas a hacer diferente, cuando la situación se presente de nuevo, o cómo va a mejorar tu vida, ahora que te has dado cuenta de tu error. Céntrate en el aspecto tan positivo que supone el haber aprendido una lección. Cuando estés preparado para olvidarlo, simplemente, pon tu atención en otros aspectos de tu vida. El mecanismo es así de sencillo y simplemente requiere cierto auto control.

Si eres de los que piensa que es tu mente la que tiene el control, tienes que desafiar ese pensamiento. Es fundamental que seas tú el que tenga el control de tus pensamientos, ya que tus pensamientos son lo que define tu realidad. El hecho de que algo sea simple no significa que sea fácil de conseguir, pero la razón de que no sea fácil estriba en la falta de práctica y en la idea tan extendida de que no es posible. En el momento que cambias de mentalidad y te das cuenta de que tú puedes controlar tus pensamientos, un mundo nuevo de posibilidades se abre ante ti. Es como aprender a nadar. Si piensas que puedes, no tienes más que mover los brazos y los pies. Si piensas que no puedes, te hundirás.

Esta es una pequeña historia Zen que nos sirve como ejemplo sobre soltar la culpabilidad. Dos monjes budistas estaban caminando cerca de un rio, cuando vieron a una mujer muy bonita en apuros, porque necesitaba cruzar al otro lado, pero la corriente era demasiado fuerte para ella. Uno de los monjes, sin pensarlo dos veces, cargo a la mujer sobre sus espaldas y los tres llegaron a salvo a la otra orilla del río. Un par de días después, el otro monje no pudo contener más sus sentimientos y con enojo le dijo: "Tu sabes que no podemos tener ningún tipo de contacto con mujeres. ¿Por qué lo hiciste?" A lo que el primer monje le respondió: "Yo deje a la chica allí. ¿Tú todavía la estás cargando?"

A menudo nos sentimos culpables sin razón. Ligada a sentimientos de insuficiencia y falta de autoestima, la culpa es una forma de autocastigo por no reflejar la imagen idealizada que tenemos de cómo deberíamos ser. La autoaceptación y una dosis sana de autoestima ayudan a eliminar esos momentos de culpabilidad sin razón alguna. Solemos sentirnos culpables por la razones más extrañas, desde comer chocolate hasta tener relaciones sexuales, pasando por no hacer suficiente ejercicio, no ser suficientemente generosos, no escuchar, no dedicar bastante tiempo a alguien de nuestra familia… hasta sentimos culpa a menudo por como otros se sienten. Si alguien a quien tenemos cerca llora o es infeliz y nos culpamos por ello, ésta es, también, una forma de autocastigo y una carga negativa muy pesada de llevar.

Otras veces, aún cuando nos sentimos culpables por un hecho más específico y percibido como negativo, algo de lo que real y objetivamente nos avergonzamos sin paliativos, tenemos dos puntos a considerar. El primero es que, como ya hemos visto, no se pueden catalogar las cosas como buenas o malas, porque no tenemos información sobre el panorama general de la situación. No estamos al tanto de la realidad más amplia, así que no estamos en una posición correcta para determinar si el resultado que estamos lamentado era, de hecho, la mejor de otras realidades posibles, a pesar de las circunstancias.

Con la próxima historia espero ilustrar el concepto de no estar al tanto de la realidad más amplia.

Había una vez un espíritu angelical muy juguetón llamado Asiel. Se encontraba disfrutando la eternidad, cuando un miembro de su familia de almas llegó con una pregunta. "¿Qué es el sufrimiento? No puedo imaginar ese sentimiento."

Asiel, siempre dispuesto a ayudar, respondió con una propuesta. "Si tu quieres, yo te puedo ayudar con eso. Debido a que te amo profundamente y, no hay palabras que puedan describir ese sentimiento, ambos tenemos que encarnarnos como humanos. Yo estoy dispuesto a encarnarme contigo y, así, podré facilitarte el aprendizaje, creando, para ti, el dolor más profundo al que te puedas enfrentar."

Bajo ese acuerdo, el espíritu que no sabía sobre sufrimiento se encarnó primero como mujer. Unos años después, Asiel se encarnó como su hijo. Cuando Asiel tenía 10 años, murió en un accidente de coche, dejando a su madre en un estado de completa desesperación. De esa manera, él cumplió con su promesa. La persona que causó el accidente nunca se perdonó a sí mismo por matar al muchacho. Poco sabía él que era parte de un plan mayor. Todos los eventos responden a un diseño mayor. Ante la culpa, es útil ser humilde y, recordar que somos parte de una realidad mucho más amplia y compleja.

La segunda consideración sobre la culpa es que, aún en el peor de los casos, aún si fuese cierto que has cometido un acto terrible –ya sea que lo puedas arreglar o no- el engancharse de forma enfermiza a la culpabilidad solamente traerá consecuencias negativas. Manteniendo la perspectiva correcta recordaremos que somos almas encarnadas y que cometemos errores. Cuando la personalidad hace algo que experimentamos como lamentable, la manera de hacer buen uso de esa culpabilidad inicial es aprender de ello para no repetir el mismo error, ofrecer la mejor posibilidad de compensación posible y perdonarnos a nosotros mismos. De esa manera se puede dar sentido al sufrimiento, propio o ajeno, que hemos causado. Perdemos la perspectiva si, por el contrario, seguimos dando vueltas a algo que ya no tiene remedio, porque estamos enfocándonos en un punto muy estrecho de la realidad y perdiéndonos la visión completa. La consecuencia de esto es una falta de amor a uno mismo, porque el que ama, perdona. Si piensas que debido a lo que has hecho ya no mereces el perdón o la felicidad, te aseguro que estás equivocado. La culpa es una energía de bajo nivel vibratorio que te mantendrá anclado en una ínfima esquina de tu personalidad, en la cual, sólo puedes tener pensamientos pequeños. Cuando te atreves a salir de ese pequeño rincón mental y a conectarte verdaderamente con su alma, encontrarás un océano infinito de amor, capaz de disolver el sentimiento más oscuro. Tu alma es la parte de la divinidad que vive en ti. Tu alma es sólo amor, por lo que solamente puede amar. Donde hay amor, que es una energía de muy alta vibración, no puede haber nada de naturaleza inferior, porque no son compatibles. Imagínate que vives en una maravillosa mansión con vistas al mar. ¿Por qué ibas a limitarte a quedarte en un pequeño rincón del cuarto de la plancha o la bodega? Eso es lo que hacemos cuando nos obsesionamos en pensamientos mezquinos que nos dejan anclados fuera de la realidad mayor de quienes somos.

¿Cómo puedes conectarte con tu alma? Vamos a verlo en el capítulo siguiente.

Capítulo 13

Meditación para Aquellos Que No Meditan

Como parte del proceso creativo de este libro, he contemplado la idea de dedicar un capítulo a la meditación. Al mismo tiempo, no pierdo de vista mi intención de simplificar y huir de dogmas, prácticas, rutinas y ejercicios. Con estas premisas he destilado una meditación que puede ser adoptada incluso por los más reticentes, por los que no tienen la más mínima intención de meditar. Si perteneces a este grupo, simplemente sigue leyendo un poquito más y dame la oportunidad de ayudarte a conectarte con tu alma.

Es bien sabido y está bien documentado que la práctica de la meditación tiene muchos beneficios a nivel físico, mental, emocional y espiritual. Es muy fácil encontrar una variedad de técnicas, maestros, libros, videos o aplicaciones, todos sugiriendo diferentes maneras de meditar, para principiantes y para practicantes experimentados. En cuanto a lo que a nosotros nos atañe en este momento, conectarnos con la felicidad, el beneficio más práctico y directo de la meditación es que ayuda a obtener el control mental necesario para poder trabajar con los pensamientos y que es el camino más directo para conectarte con tu auténtico ser, con quien eres realmente, detrás de la fachada de la personalidad.

Observar, ser testigo de lo que pensamos para poder abandonar pensamientos negativos, por ejemplo, es una habilidad que puede adquirirse mucho más fácilmente a través de la meditación. Por ello, yo recomiendo seriamente que consideres la posibilidad de explorar alguna de las muchas opciones que tienes a tu alrededor y comiences a meditar regularmente.

Ahora bien, soy consciente de que comenzar a practicar meditación no entra ni remotamente en los planes de muchos de mis lectores. Si eres uno de ellos, este capítulo es para ti. Voy a intentar extraer la esencia de la meditación, para que puedas beneficiarte, aunque no la practiques. Viene a ser como tomarse una pastilla de meditación.

Cada mañana, en el primer segundo después de haberte despertado, justo en ese momento en el que eres consciente de que estás despierto y en la cama, ese es el momento. Antes de que empezar a pensar o a moverte, toma consciencia de ti mismo. ¿Cómo se siente tu cuerpo físico? Reconoce tu verdadero yo, el que está observando cómo se siente tu cuerpo material. Reconoce quien eres realmente por un instante. Atrapa esos segundos de silencio de tu mente, cuando aún no ha empezado la charla constante en tu cabeza, el planear el día, el recordar lo que ocurrió ayer. Atrapa esos segundos de silencio y quietud antes de que tu mente comience su parloteo incesante. Apodérate de ese instante infinito antes de que tu atención vaya a la vida que ocurre fuera de ti. Esos pocos segundos, son la puerta mágica a tu alma, si estabas buscando una. Alarga esos segundos. Otro momento, quizás unos cuantos más.... Sólo existes tú, en el momento presente, el Creador está contigo porque eres uno con la creación. Haz un momento largo de perfecta quietud. Respira lentamente. Observa tu respiración profunda. Estos pocos segundos, tienen la llave de tu felicidad. Reconoce que eres un ser espiritual detrás del cuerpo, el nombre, la persona social, el papel familiar, el rol profesional que desempeñas. Ninguna preocupación, ningún pensamiento, ningún plan. Sólo por un momento. Cuantas más veces puedas replicar estos segundos y más los alargues, más conocedor de tu espiritualidad, más consciente y más feliz serás. Más aún, estarás agradecido por ese momento de meditación, por la paz y la perspectiva que trae a su vida. Cuando los pensamientos aparezcan rompiendo este momento de silencio, tu primer pensamiento será de agradecimiento. Por ese momento, por la vida en general, por tantas cosas como se te ocurran en particular y por ser consciente de tu naturaleza espiritual. Una vez que te acostumbres, se convertirá en la mejor parte de tu día y te encontrarás a si mismo tomando esa pastilla de meditación y teniendo pensamientos de gratitud a menudo durante el día.

Ya está. Es un proceso simple y breve, muy breve. Después puedes seguir adelante con tu día. Querrás repetir el proceso antes de quedarte dormido. Hacerlo, por lo menos, en los dos momentos del día que hemos mencionado aumentará tu nivel vibratorio, mejorará tu descanso, tu habilidad para controlar tus pensamientos y, por tanto, tu percepción de cómo te sientes. Te ayudará a mantener la perspectiva correcta, y, en definitiva, a ser más feliz. Cuando te vuelvas un experto en esta simple práctica, la puedes realizar durante el día, en cualquier momento, hasta que te acostumbres a hacerlo a menudo. Esta manera de meditar puede tomar unos pocos segundos. No te hace miembro automático del club de meditadores, pero te dará un pase temporal con derecho a muchos de sus beneficios.

Hay varias razones por las que muchas personas meditan. Una de ellas, es ser más consciente de uno mismo, poder conectarse con el alma, con el espíritu que somos, lo cual pone en perspectiva el resto de nuestra vida como algo relativamente accesorio. Otra de las razones, es el incremento de la habilidad mental y el control del pensamiento. Esta práctica, tan simple, te puede conducir a conseguir ambos. Si el meditar regularmente es como hacer el recorrido en una limusina y con un guía profesional a tu lado, esta pequeña práctica es como hacer la trayectoria caminando y siguiendo las señales de tráfico. Lento pero seguro, también te llevará ahí siempre y cuando te mantengas constante, moviendo un pie delante del otro, practicando cada día. El único requisito, el único secreto, es hacerlo. Notarás los beneficios no leyendo sobre ello, si no sólo si practicas. Puedes hacerlo. Te va a encantar, y te ayudará, también, a vivir más en el presente y menos en el pasado o en el futuro, algo que vamos a abordar en el próximo capítulo.

Capítulo 14

Vivir en el Presente

En los círculos espirituales y de la denominada "nueva era" está de moda hablar sobre *vivir en el presente* y puedes conseguir libros estupendos sobre el tema. Es un concepto que surge de la idea de que sólo tenemos el momento presente y, en eso, es en lo que debemos enfocar toda nuestra atención, para poder tomar control de nuestra vida y vivirla plenamente.

Personalmente, estoy totalmente de acuerdo con este concepto; es más, puedo confirmar la gran cantidad de cambios positivos que esta práctica trae porque hace años que forma parte de mi higiene mental personal. He tenido la oportunidad, por tanto, de observar en mí y en muchos de mis clientes la metamorfosis que desencadena. Como el propósito de este libro es ayudarte a encontrar tu felicidad y vivir el presente es un concepto importante en esta tarea, voy a dedicar unas líneas a simplificar lo que otros han descrito tan bien y extensamente en sus obras (por ejemplo Eckhart Tolle, autor que recomiendo encarecidamente).

Cuando hagas un hábito de observar tus pensamientos durante el día, te darás cuenta de que la mayoría de las veces están reproduciendo algo que ya ha pasado o proyectando un futuro posible. Vivir en el ahora significa que tu atención está en el momento presente, en lo que estás haciendo o viviendo en este preciso instante, en lugar de estar recreando un momento pasado o imaginando el futuro.

Hay una expresión Zen clásica que dice, "Cuando estés lavando el arroz, solo lava el arroz." Se refiere a que te enfoques en la tarea presente, no solamente dando relevancia a lo que estás haciendo y procurando que tenga un propósito mayor, sino, también, manteniendo tu cabeza libre de caos. Si lo piensas bien, ¿cuáles son las alternativas para tu mente si no estás pensando en el arroz? La mente es como un mono, ruidoso y en constante actividad. Cuando no estás totalmente enfocado en el ahora, no estás completamente presente, comprometido y capaz de disfrutarlo

Nuestra mente, a veces, parece tener vida propia y nos distrae. Acordarnos de lo que alguien nos ha dicho o hecho o de un evento pasado es revivirlo de nuevo. Si el evento es percibido como negativo o doloroso, al revivirlo de nuevo estamos evitando el cierre y la sanación. Nos bloquea y no nos deja avanzar. Si lo que pensamos pertenece al futuro, el mayor riesgo reside en caer en el miedo. En ocasiones, cuanto más pensamos en lo que puede ocurrir con ciertos eventos, más imaginamos lo que puede ir mal. Todos sabemos lo creativos que podemos ser en esto.

Por supuesto, en ocasiones, es necesario pensar en el pasado para poder entender situaciones y evitar repetir errores o, si estamos recreando un momento feliz, para poder mantener ese sentimiento positivo. Otras veces, tenemos que hacer planes para el futuro si no queremos estar improvisando constantemente Aún cuando seas una persona espontánea y flexible, de las que le gusta dejarse llevar, necesitarás de cierta planificación para hacer tu vida más fácil y predecible. Y no nos olvidemos de la visualización, una práctica muy poderosa para crear y manifestar el futuro que queremos. Esto no está en contradicción con *vivir el presente*, aunque parezca una paradoja. Vivir en el ahora significa estar centrado en lo que estás haciendo, por lo que puedes dedicar un tiempo específico en el que puedas centrarte completamente en la visualización o en tus planes futuros, sin hacer ninguna otra cosa a la vez. De esa forma, no interferirá en tus otros quehaceres, estarás viviendo en el presente y al mismo tiempo utilizando tu mente de forma creativa, encontrarás que todo es más relevante. Notarás que centrarte de lleno en tu rutina es una fuente de alegría y placer. Lo que es más importante, encontrarás que es mucho más fácil controlar tu mente y, consecuentemente, tus sentimientos.

Capítulo 15

Simplificar

Hasta ahora hemos revisado los pasos que puedes dar y algunas herramientas a utilizar a la hora de limpiar el desorden emocional y sintonizarte con tu felicidad. En este punto, no quiero dejar de mencionar un hábito necesario que también va a facilitar esta tarea.

Hay ciertos factores o situaciones que pueden ser un impedimento a la hora de tener una vida más plena, y no deben ser pasados por alto. Cada uno está inmerso en sus propias circunstancias, por lo que me resulta imposible comentar todas las variables posibles y todas las razones que pueden estar frenándote en tu búsqueda personal; un buen coach puede ayudarte en esta tarea. Ahora bien, sí que hay algo lo suficientemente general y extendido en la sociedad como para asumir que puede estar afectándote y sería positivo aprender a controlarlo:

el hecho de que la vida se está haciendo cada día más complicada y nosotros estamos más estresados.

En principio parece que con tantos adelantos de los que disfrutamos, nuestro día a día debería ser más fácil. Con la abundancia de aparatos, máquinas, procesos automatizados y accesorios que nos permiten hacer las tareas rápidamente, deberíamos tener tres o cuatro veces más tiempo libre que nuestros abuelos. Sin embargo, la realidad es que estamos cada día más estresados y quejándonos de falta de tiempo. La solución pasa por descongestionar nuestra vida, tanto, como limpiamos nuestra realidad emocional. No solamente podemos encontrar miedos, culpabilidad, poco agradecimiento o falta de amor, sino también muchas actividades y demandas a lo largo del día. A medida que limpies tu vida emocional, notarás que te resulta más sencillo crear días más simples y satisfactorios.

Una manera de comenzar es cuestionándote tu actividad diaria con espíritu crítico y decidiendo lo que es realmente necesario hacer. A veces no se nos pasa por la cabeza que podemos decir que no a una reunión, una fiesta, un trabajo extra, o cualquier otro tipo de evento. Puede que incluso te juzgues, sintiéndote egoísta, antisocial o flojo si no vas. Puede que te las arregles para insertar otra cita más, pero la realidad es que el mundo no parará de girar si tus hijos juegan más y tienen una actividad extra curricular menos. El suelo no se va a abrir bajo tus pies, si de vez en cuando, puedes escribir en el polvo de los muebles. Tu empresa no va a quebrar si terminas tu jornada laboral a tu hora. El secreto es decidir cuáles son tus prioridades y enfocarte en ellas. Una pequeña historia sobre cómo priorizar puede ayudarte a visualizar este concepto.

Un profesor estaba impartiendo una clase en la universidad. Sobre la mesa había una caja grande y vacía de cristal y un bolso. En silencio sacó piedras grandes de su bolso y llenó la caja con ellas. Les preguntó a sus estudiantes "¿Está la caja llena?" Le respondieron que sí. Acto seguido sacó piedras más pequeñas de la bolsa y llenó la caja con ellas, rellenando los espacios entre las piedras grandes. Repitió la misma pregunta, y de nuevo la respuesta de los estudiantes fue que sí, la caja estaba llena. El profesor entonces empezó a echar arena en la caja hasta que no cupo más por ningún lado. Volvió a preguntar si la caja estaba llena. Exasperados sus estudiantes le contestaron afirmativamente, convencidos de que ya no había manera de echar nada más en ella. De nuevo se equivocaron, porque el profesor sacó una gran jarra de agua, la derramó sobre la arena y dijo "ahora si está llena".

Algunos sacarán la conclusión de que siempre se puede añadir otra actividad menor, otros pensarán que la moraleja es que siempre hay tiempo para otra bebida, pero la razón por la que me gusta esta pequeña historia es porque me ayuda a visualizar que si ponemos las piedras importantes primero, los materiales menores se pueden acomodar después, y lo que no quepa no tiene importancia porque no está entre nuestras prioridades.

El secreto para manejar mejor el tiempo es considerar cuidadosamente cuáles son las piedras grandes. Con las piedras pequeñas primero, no habrá espacio para las grandes. Y lo que es más importante, siempre hay espacio para el agua.

El agua representa tu vida espiritual, los momentos de conexión con tu alma, esos segundos que dan significado a cualquier cosa que estés haciendo. Esos instantes de silencio mental son como las gotas de agua, que rodean cada piedra y cada grano de arena, llenando cada uno de tus días. Y mientras las piedras grandes estén acomodadas junto a las piedras pequeñas, la arena que quepa y todo el agua que sea posible, está bien decir que no a cualquier cosa para lo que no quede espacio, porque la caja ya está llena. ¿Qué sentido tiene sentirse mal por las piedras que no han cabido si tienes bastante con las que están dentro?

Recuerda, cuando te encuentres con algo que no es prioritario en tu vida o no está alineado con lo que es importante para ti, siempre puedes decir que no y sentirte bien por ello.

Capítulo 16

Reconoce, Disfruta y Comparte Tu Felicidad para Hacer del Mundo un Lugar Mejor

Llegar a ser feliz puede que te tome algún tiempo. A pesar que el proceso en si es simple, no es siempre fácil desafiar tus imágenes, tus hábitos (sobre todo los mentales) y considerar maneras diferentes de ver las cosas. Sin embargo, a la hora de la verdad, recuerda que es sólo una cuestión de hacer pequeños cambios, como cuando cambias el canal de TV. La felicidad ya estaba ahí, pero te encontrabas muy distraído para darte cuenta. Las herramientas que tienes ahora te permitirán verla, reconocerla, sintonizarte con ella y disfrutarla. Cuando la estés disfrutando, no te la quedes toda para ti. Como la comida buena, sabe aún mejor cuando la comparte con otros.

Los humanos son como células en un organismo complejo: partes individuales de un todo. De la misma manera que las células forman los tejidos, órganos y sistemas, los humanos son parte de una familia, una comunidad, sociedad, la raza humana, y finalmente, una entidad integral con nuestra madre tierra.

Nos guste o no, y no importa como seamos de individualistas, el hecho es que cada ser humano está conectado a esta unidad. La felicidad individual, entonces, es como tener células sanas en un organismo. Mientras mayor sea el número de células sanas trabajando de una manera armónica y balanceada, más sano será el organismo. Mientras mayor sea la gente que está feliz, mejor funcionará el mundo. Cada ser humano, sin excepción, es una parte integral del todo. El mundo necesita tus talentos específicos, tus sueños, tus atributos particulares, lo que te gusta y, también, lo que todavía no has aprendido a querer de ti mismo. Sin ti, el mundo no sería igual. Tienes la responsabilidad de ser feliz porque nunca estás solo. Eres como una pieza en un rompecabezas que sin ti, nunca estaría completo.

No necesitas ser un héroe ni hacer algo extraordinario. Necesitas simplemente ser tu mismo. No puedes hacer a nadie feliz, pero eres responsable ser feliz tú. A menudo, cuando te encuentras alrededor de personas que están sufriendo, no puedes hacer nada para resolver su situación, pero si eres feliz y, estás con ellos, se sentirán mejor. La felicidad es infecciosa porque es una vibración; se esparcirá alrededor tuya porque resonará con el alma de otras personas, recordándoles que también ellos pueden conectarse con ese sentimiento.

Sé tan feliz como puedas. Propaga tu felicidad tan lejos como sea posible y estarás sanando al mundo.

Epílogo

Hay una forma más rápida de conseguirlo.

La felicidad es el estado natural cuando se vive alineado con el propósito individual de vida. Es un sentimiento de paz, porque paz es lo que se experimenta al conectarse con el alma. La paz es como estar en el ojo de un huracán: un tiempo de calma perfecta incluso cuando todo alrededor es caos. Tomar consciencia de esa paz es la felicidad.

Si repasas lo que has leído en el libro, en casi todos los capítulos hay algo sobre la consciencia, sobre ser consciente. Cuando meditas, cuando tienes control sobre tus sentimientos o utilizas cualquiera de las otras herramientas que el libro te proporciona, notarás que todas tienen algo en común. Necesitas ser consciente de ellas. El hecho de que te observes, te conviertas en testigo de tus procesos emocionales es lo que realmente hace la diferencia. Piensa en ello. Si alguien ingresa un millón de euros en tu cuenta corriente ahora mismo, no significa nada para ti, hasta que alguien te lo dice, hasta que eres consciente de que eso ha ocurrido. Una vez que te enteres de ello, son tus pensamientos los que van a propiciar una reacción y un sentimiento al respecto. En este ejemplo, no es el dinero lo que hace que te sientas feliz, sino el saber que el dinero está a tu disposición y el pensamiento de todo lo que puedes hacer con él. Extrapolando el ejemplo a la vida real, es el saber que eres parte de una realidad mucho mayor, el tomar conciencia de tu espiritualidad lo que hace que te sintonices con la felicidad

Has venido al mundo con un propósito. No necesitas conocerlo. Puedes alcanzarlo siguiendo tus sueños, porque son el lenguaje del alma. Si no eres feliz, no estás escuchando a tu corazón. De entre siete billones de personas tú eres absolutamente único, irrepetible y distinto de todos los demás, como un copo de nieve es distinto de otro. El mundo necesita de tus talentos, cualesquiera que sean. El mundo no necesita que cada individuo sea "el único" "el Salvador" "el iluminado". No necesitas ser perfecto. Solo necesitas ser tú mismo. El mundo necesita que estés despierto o, lo que es lo mismo, consciente de tu naturaleza espiritual.

Al principio del libro he mencionado que descubrir tu felicidad es un proceso simple, ya que está dentro de ti. Solo necesitas sintonizarte con ella. Pero no he dicho que a partir del momento que lo consigas la vida se volverá de color rosa. Tristeza, lágrimas, enfado, ansiedad miedo, disgusto, igual que alegría, emoción y el resto de emociones humanas son señales de que se está vivo. Son tan necesarias como el aire que respiramos. Las personas felices bucean en cualquiera de estas emociones cuando llega el momento, y son capaces de superarlas manteniéndose centrados en su corazón, sabiendo que los malos momentos, igual que los buenos, pasarán, pero ellos permanecerán.

Por ejemplo, una amiga mía perdió su trabajo. Como madre sola, con dos niños, hipoteca y perro, hubiera podido sentirse deprimida y asustada, especialmente en este momento de economía débil y con alta tasa de paro. Podía haberse sentido vulnerable, amargada y enfadada por lo injusto de la situación. Sin embargo, supo disfrutar de las actividades que normalmente no podía permitirse cuando estaba trabajando muchas horas, como pasar más tiempo con sus hijos, cuidarse más, hacer ejercicio o ver a sus amigas, todo ello mientras se replantea qué dirección tomar y que quiere hacer con su vida profesional. Por supuesto no es que esté contenta con el hecho de haberse quedado en paro, pero se siente agradecida por el tiempo libre que tiene y por la oportunidad de parar, prepararse y decidir lo que le gustaría hacer. Tiene la certeza de que todo en la vida ocurre por un motivo. Disfruta cada minuto y, al mismo tiempo, emplea una buena parte de su tiempo en buscar trabajo. Lo mejor de todo es que solamente se presenta a posiciones cercanas a lo que a ella le gustaría hacer. Está alineada con su alma y deja que la vida se encargue de ayudarla. Ha hecho la magnífica elección de ver una situación difícil y delicada, como una oportunidad para mejorar su vida. Desafortunadamente, es fácil caer en estados de ansiedad o incluso depresión, provocados por la frustración, el enfado y el estrés que una situación así puede traernos. Por supuesto mi amiga tiene momentos en los que pensar en su situación económica le asusta, pero en cuanto percibe estos pensamientos negativos se encarga de cambiarlos por otros positivos, porque sabe que no se puede permitir caer en una espiral de miedo y negatividad.

Este libro empieza desafiando ciertas premisas. Has visto como la felicidad es una elección y, también, una forma de determinar si estás haciendo con tu vida lo que has venido a hacer. Al avanzar por los quince capítulos del libro has visto que puedes limpiar tu vida emocional, darte cuenta de que la felicidad es tu derecho de nacimiento y que puedes sintonizarte con ella en cualquier momento. Has visto que tienes que amar más, amar de manera incondicional. Como decía la Madre Teresa, "ama hasta que duela, no dejes de amar". Has aprendido también a no echar la culpa a las circunstancias, si no aceptar total responsabilidad por tus reacciones, tus pensamientos y tu felicidad. Has aprendido que no eres tu vida, ni lo que hay en ella y has dejado de juzgar. Ahora ves cualquier situación desde una perspectiva más amplia. Eres capaz de sentirte agradecido muchas veces a lo largo del día y rechazar miedo y culpabilidad de tu menú diario de emociones. Eres capaz de conectarte con tu corazón, el motor de tu existencia. Te tomas tu tiempo, cada día, para sentirte uno con el resto de la creación. Simplificas tu vida y vives en el momento presente. Compartes con alegría lo que has aprendido en tu camino, pero todo este proceso te ha llevado algún tiempo. ¿Qué podía haberlo hecho más rápido?

A veces, necesitamos tomar el camino más largo porque es el único que nos sentimos capaces de tomar o porque no conocemos otro y no hay nada malo en ello. Para los que queráis tomar un atajo, sabed que hay un camino más corto. Es el siguiente: cuando eres consciente de tu alma, sientes paz. En esa paz eres capaz de recibir la guía de tu corazón, de tu esencia. Cuando sigues esa guía, encuentras la felicidad. Eso es lo que significa estar alineado con tu alma. Puedes ser feliz simplemente recordando que eres como una gota de agua. No importa en qué parte del ciclo del agua te encuentras, regando una planta, cantarina en una fuente, disolviendo barro o evaporándote y desapareciendo, siempre terminarás disfrutando con los delfines porque esa es tu naturaleza inmutable. Eres parte de la creación y del creador, ya que son uno, y esta verdad es la que puede con cualquier otro pensamiento. Cuando aceptas esta verdad en cada célula de tu ser, no necesitas buscar la felicidad más. Cada segundo que eres capaz de vivir esta realidad, de sentirla en tu corazón, eres capaz de trascender todo y sintonizar con la verdadera felicidad.

La Esencia

de

La FELICIDAD

No necesitas esperar.

La felicidad está en tu corazón ahora, aunque no lo hayas notado todavía.

Siéntela.

Descubre la paz que está en el centro de tu espíritu.

Es profunda e inmensa como un océano.

Eres un ser espiritual experimentando la vida en un cuerpo físico.

Al nacer te limitaste a vivir en un marco de tres dimensiones.

Al morir regresarás a tu realidad infinita y eterna.

La felicidad es un dispositivo-guía para tu vida.

Es simple.

Cuando no eres feliz, sabes que tienes que encontrar tu camino de nuevo.

Cuando eres feliz, sabes que estás donde tu espíritu necesita estar.

Tu camino es

el camino del espíritu.

Tu verdadera naturaleza es amor.

La felicidad es un recordatorio de la verdad.

Solamente amando y siendo consciente de tu naturaleza podrás sentir la felicidad de tu interior.

Toda elección en la vida se reduce a una:

amor o miedo.

Elige siempre el amor.

El miedo te aleja de ti mismo.

Cuando culpas a los demás por cómo te sientes, les estás dando poder sobre ti.

Recupera tu poder tomando responsabilidad por tus sentimientos y pensamientos.

Tú no eres tu familia, tu trabajo, ni siquiera tu físico.

No eres la vida que estás viviendo.

Eres el amor que das.

No hay buenas o malas situaciones.

Hay situaciones.

La belleza, tanto como la fealdad, se encuentra en los ojos del que mira.

Cuando una gran tormenta golpea tu casa en el valle, solamente desde la cima puedes ver la naturaleza de la tormenta sin lastimarte.

¿De qué te sientes culpable?

¿Puedes hacer algo al respecto?

Si puedes, hazlo y olvídate de la culpa.

Si no puedes, olvídate de la culpa directamente.

En cualquier caso, sentirte culpable no sirve de nada

¿Cómo te deshaces de la culpa?

La culpa es sólo un pensamiento.

En su lugar pon uno mejor.

Varios estudios han probado que meditar tiene innumerables beneficios tangibles para tu cuerpo, tu mente y tu espíritu, pero no notarás esos beneficios leyendo sobre ellos, si no meditando.

Puedes empezar en cualquier momento.

Simplemente cierra los ojos y disfruta de la respiración que te mantiene vivo.

Meditar es la habilidad de disfrutar el silencio mágico de tu mente.

El pasado es sólo un pensamiento.

Ya no existe.

El futuro es sólo un pensamiento.

No existe todavía.

Sólo el presente existe

y es realmente un regalo.

No te quedes atrapado en la jungla de tus preocupaciones cotidianas, en el parloteo incesante de tu mente.

Atrévete a ignorarlos por sólo un momento y sintonízate con la belleza de tu corazón, donde vive la felicidad.

Sólo tienes este momento.

Haz que dure viviéndolo plenamente.

Vívelo plenamente haciéndote consciente de él.

Este es tu equipaje para el viaje de la vida:

Un GPS, llamado Felicidad, para saber si estás perdido o vas por el camino correcto.

Una luz brillante, llamada Amor, para que puedas ver la realidad que se encuentra frente a ti.

Una cantidad infinita de riqueza, llamada Gratitud. Mientras más la uses, más facilmente tendrás lo que necesites para el viaje.

Un dispositivo de comunicación, llamado Silencio, porque solamente en el silencio de tu mente encontrarás la dirección correcta y el consejo apropiado.

Una llave maestra, llamada Perdón, porque cuando te perdones a ti mismo y a los demás, te liberarás de tus cadenas.

Cuantos espejos necesites a lo largo del camino, porque cada persona y situación que encuentres en su recorrido están reflejando una parte de ti que necesitas ver.

Para llevarlo todo tienes una mochila llamada Consciencia.

Tu Estado Más Natural

Nunca sobreestimes

el poder del asombro, de la alegría y del amor.

Dado que ese es tu estado más natural, y uno en el que siempre te encuentras.

Estás siempre en este estado, aunque no seas consciente de ello en cada momento.

Puedes estar estar poniendo toda tu atención en un asunto mundano.

Pero, ¿qué es un asunto mundano comparado con la inmensidad?

(De Seeds of Spirit 2002, © por Barbara Brennan)

BIBLIOGRAFIA RECOMENDADA

Brennan, Barbara. *Manos que curan.*
Madrid: Ediciones Martinez Roca, 2008.

Dahui, Yuanwu, Foyan, Yuansou, Linji y otros (selección por Thomas Cleary). *Esencia del Zen.* Barcelona, Editorial Kairos, 1998.

Emoto, Masaru. *Los Mensajes Ocultos del Agua.* Mexico DF, Editorial Alamah, 2005.

Hicks, Esther and Jerry. *El Libro de Sara.* Barcelona: Editorial Urano, 2003.

Lipton, Bruce, PhD. *Biologia de las Creencias* Missouri: Editorial Palmyra, 2007.

Pert, Candace, PhD. *Las moléculas de la Emoción.* New York, Ny: Scribner (Simon & Schuster), 2003.
(en inglés)

Dalai Lama. *El Arte de la Felicidad.*
Barcelona: Editorial Paidós, 2.007.

Tres Iniciados. *El Kybalion.*
Mexico DC: Editorial Epoca, 2003.

Tolle Eckhart. *El Poder del Ahora.*
Novato, Ca: New World Library, 2001.

Para información sobre cursos y talleres referentes a este libro u otros trabajos de la autora, puedes visitar su web: www.sanaciones.es

Si deseas ponerte en contacto con la autora o dejar un comentario, puedes hacerlo a través de su web o enviando un email a la editorial, mharbooks@gmail.com

www.ingramcontent.com/pod-product-compliance
Lightning Source LLC
LaVergne TN
LVHW041627070426
835507LV00008B/489